学校のICT活用・
GIGAスクール構想を支える

ICT支援員

監 修【JNK4】情報ネットワーク教

編 著 ICT支

JN071207

日本標準

ICT支援員のすすめ

　ICT支援員とは、文字どおり、教育現場での学習活動や校務などにおいて、子どもたちや先生方のICT活用を支援する役割の人をいいます。現在、我が国の小中学校は、数年前とは大きく様変わりしてきています。例えば、GIGAスクール構想の実現を目指し、ひとり一人に1台のPCが配布され、全員がネットワークを介して利用できる環境が整えられつつあります。これらのPCを（プログラミング教育のためではなく）あらゆる教科の学習の道具として、子どもたちが活用する（情報を検索したり、写真や映像を編集したり、記録をまとめて発表したりする）ことを前提に授業が組み立てられるようになってきています。子どもたちはメディアにはすぐに慣れます。しかし、初めての場合は、ICT支援員の役割は重要です。また、ソフトウェアの利用経験が少ない先生方、不慣れな先生方であっても、ICTを活用した学習指導は必須となりました。さらに、コロナ禍におけるオンライン授業のように、ICTを使わざるを得ない場面も多くなり、ここでも、先生方を的確にサポートする要員が求められています。

　このような情報化に関する学校環境の変化に応じて私立の学校はもちろん、公立の学校でもICT支援員が制度化され配置されるようになってきました。その形態は、個人として学校や教育委員会と契約して勤務する場合、ICT支援員派遣会社に所属して週に何回か派遣される場合などさまざまです。しかし、いずれにしろ、ICT支援員と名乗るからには、子どもたちの学習と教職員の校務の両方を的確に支援できるだけの力量を身につける必要が生じます。

　ICT支援員にはその実力を示す認定試験制度があります。この試験では、1）教育現場に導入されつつある情報機器や機能、扱い方や利用法等の基本的な知識、2）著作権やその取扱い、情報モラルに関する知識、3）学校現場で先生方や子どもたちと対応するための基本的な考え方や態度、4）状況を判断して人にわかるように説明できる能力などが評価されます。

　本書ではICT支援員として身につけてほしい上記の知識や内容を意識し、入門的にかつ総括的に解説するよう構成しました。本書を最後まで勉強し、基礎的な内容を習得し（できれば認定試験にも合格して）、ぜひこの仕事で活躍してほしいと願っています。

監修者　永野和男（聖心女子大学名誉教授）

［JNK4］情報ネットワーク教育活用研究協議会 会長

はじめに

　令和元年 12 月 13 日に閣議決定された「令和元年度補正予算」。この中に盛り込まれた「GIGA スクール構想の実現」により、全国の小中学校で「1 人 1 台端末」が整備されました。当初、児童生徒「1 人 1 台端末の実現」は令和 5 年度の達成が見込まれていましたが、新型コロナウイルス感染症対策としてのオンライン授業を想定し、大幅に前倒しされることになりました。令和 3 年度には、高等学校での 1 人 1 台端末の整備も推進され、国内の多くの学校で、情報端末を活用した授業が当たり前になる時代となりました。

　児童生徒「1 人 1 台端末」を活用するために必要なものとして、ハードウェア、ソフトウェア、情報通信ネットワーク、教育クラウド、などが挙げられます。機器の故障やソフトウェアのアップデートなどの「保守」対応、授業中の「操作支援」や「教員研修」などの対応も必要となります。教職員だけでの対応には限界がありますし、働き方改革に逆行することも考えられます。教職員や児童生徒の日々の ICT 活用が円滑に進むようにサポートするのが、「ICT 支援員」または「GIGA スクールサポーター」といった ICT に関する「支援人材」です。GIGAスクール構想の実現に伴い、ICT に関する「支援人材」へのニーズが高まっていますが、ニーズに応えられる能力をもった人材や事業者が急増するわけではなく、さまざまな「課題」も浮かび上がっています。ICT に関する基本的な知識はもとより、学校に関する法令や学校の文化、そして、1 人 1 台端末時代はこれまで以上に「児童生徒」の理解も必要とされるでしょう。そうした ICT 支援員に必要な能力を測る取り組みとして、平成 25 年より「ICT 支援員能力認定試験」が実施されています。また、令和元年からは「ICT 支援員上級」の認定も始まりました。「ICT 支援員」や「GIGA スクールサポーター」として既に学校現場で活動している方やこれから活動する予定の方は、このような認定試験を通して、自分自身の能力の把握や向上に取り組んでいただければと思います。

　本書では、ICT に関する「支援人材」に求められる、さまざまな知識や情報を網羅するように努めています。外部に業務を委託するための仕様や、支援人材の雇用に関する内容、1 人 1 台端末の整備や運用を進める際のポイントなども記載しています。「支援人材」だけでなく多くの関係者に読んでいただき、本書がGIGA スクール構想を含むこれからの「教育の情報化」の一助となることを願っています。

田中康平（教育情報化コーディネータ 1 級）

株式会社 NEL&M（ネル・アンド・エム）代表取締役

CONTENTS

Chapter 1 学校とICT　　　　　9

Chapter 2 ICT支援員の役割と現状　　　41

授業のICT活用を支援する 　　59

教員の校務を支援する 　　71

Chapter
1

学校とICT

コロナ禍と GIGA スクール構想により
浮かび上がってきた「教育の情報化」の課題

　文部科学省が推進している「GIGA スクール構想」の根幹を成す「児童生徒1人1台の学習者用コンピュータ」と「高速大容量の通信ネットワーク」について、令和5年度の達成目標が新型コロナウイルス感染症の猛威を受け前倒しされ、令和2年度末までにほぼすべての自治体で整備されました（一部、令和3年度納入の自治体あり）[※1]。全国の小中学校に児童生徒1人1台端末が配備され、これにより、コロナ禍でのオンライン授業が、どの地域でも、どの学校でも可能な環境が整いました。教育の機会均等の観点からも望ましいことだと考えられます。新学習指導要領が全面実施されるタイミング（小学校では令和2年度、中学校では令和3年度から全面実施）とも重なり、新学習指導要領が目指す学び（「情報活用能力」が学習の基盤となる資質・能力の1つに位置付けられている）を実現するための学習環境として機能することも期待されています。一方で、短期間に整備を進めた“歪み”が生じているケースも出てきています。

　例えば、

- インターネットに接続できない。接続できても速度が遅い
- 校内 LAN（主に無線 LAN）の接続が不安定
- 児童生徒にのみ端末が配備され、教員が授業で活用できる端末がない
- 教育情報セキュリティポリシーの改定が間に合っておらず、運用のルールが不明確

といった課題が見られるところも少なくないようです。

　「インターネットに接続できない。接続できても速度が遅い」という課題は、主にセンター集約型の教育イントラネットワークを活用している地域で発生しま

※1 「GIGA スクール構想の実現に向けた ICT 環境整備の進捗状況について（速報値）」令和3年3月 文部科学省初等中等教育局 情報教育・外国語教育課　https://www.mext.go.jp/a_menu/other/mext_00921.html

す。センター側にインターネットサーバー関連の機能（Proxy サーバーや有害サイトフィルタリングなど）を集約している場合、1 人 1 台端末からの通信がセンターへ集中します。センター側に構築されたネットワーク機器の性能を超える場合は、接続不可や不安定な状況に陥ることは容易に想像できました。

また、

- ICT 支援員や GIGA スクールサポーターの受託事業者がいない。求人を出しても応募者が少ない
- ICT 支援員と GIGA スクールサポーターが配置されたが、受託者のスキルが不足している

という課題も現れてきました。ICT に関する課題解決を担うはずが、課題を増やす結果を招くという、憂慮すべき状況に陥っているケースが散見されています。

　こうした課題が、GIGA スクール構想を推進する前に予測できないものであったか、といえば決してそうではありません。これらの多くは、早い段階から関係者の間で危惧されていたものでした。見方によっては、これまでの「教育の情報化の課題が表面化した」と考えることもできそうです。

　個々の課題について解決策を講じていくことは大切です。しかしながら、それ以前に大切なことは、予見される課題が表に出ないように事前に設計（デザイン）することではないでしょうか。GIGA スクール構想のように「1 人 1 台端末」を含む大規模な ICT 環境の整備では、その影響が児童生徒の学校での学習活動にとどまらず日常生活全般に及ぶため、かなり広範囲な視点から事業の全体像を捉え、各所、各段階で必要な措置を検討し、内容や優先度を評価し、時期を定めて実行することが求められます。当然、関係各所の調整や実務の展開が必要です。一部の担当部署の一部の担当者だけで対応できる規模ではありません。こうした大規模な事業では、抜け・漏れがあると、それが後の課題につながります。抜け・漏れがないように全体像を把握し計画するためには、例えば「ロジックツリー」などを活用して、関係者が事業の全体像を共有し、その実行について「5W1H」を確認し実行することも有効です[※2]。

※ 2　GIGA スクール構想におけるロジックツリー例　https://www.nelmanage.com/2020-0822-logictree/

GIGA スクール構想におけるロジックツリー例

・全体構想を描き、デザイン (設計) し、共有するためのツールです
・過不足部分については、加筆 / 削除 / 修正等行ってください
・各項目について「だれが、いつ、どのように」を確認
・各項目の要件については、担当者 (部署) 等が整理
・要件を持ち寄り、全体の過不足を検討
・稼働後は、改善点共有などにも活用

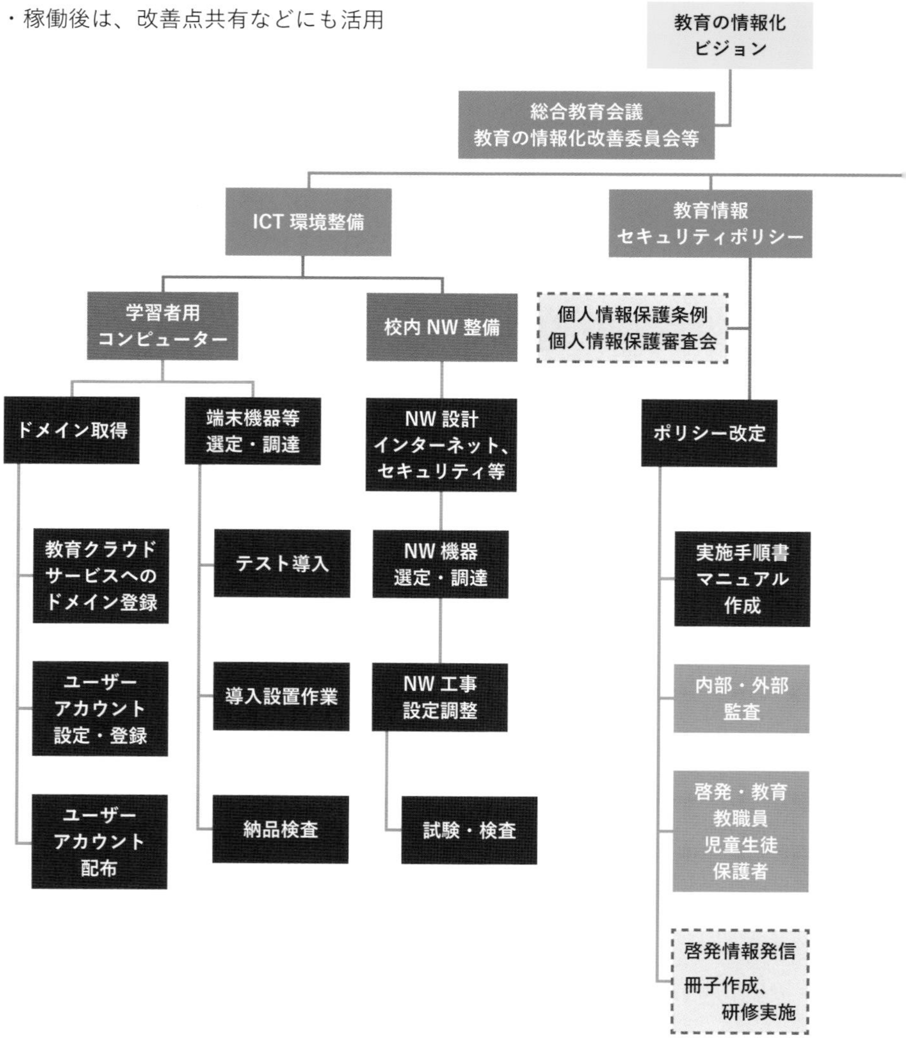

図 1-1 ● GIGA スクール構想におけるロジックツリー例

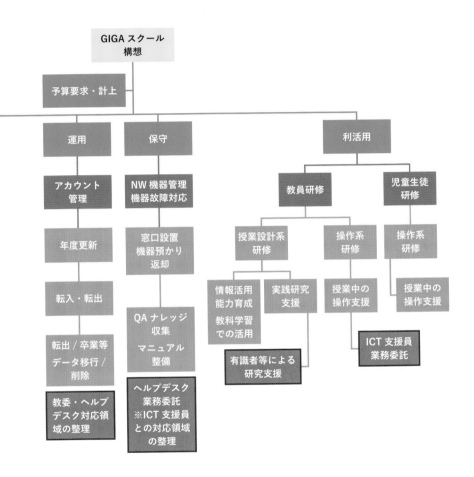

整備後の課題から問われてくるのは、こうした「全体の設計（デザイン）が十分であったかどうか？」という部分です。また、新型コロナウイルス感染症対策の観点から、整備が前倒しされたことなどは評価される部分でもありますが、一方で「全体の設計（デザイン）を描く時間的猶予が考慮されていたのか？」という点からの検証も必要でしょう。さらに、悩ましい課題も存在しています。仮に全体設計（デザイン）の時間的な猶予があったとしても、「教育の情報化に関して全体を設計（デザイン）できる人材や組織が存在するのか？」という課題です。教育委員会内部に「教育の情報化」を担当する部署や人材を据えている自治体は、そう多くはありません。従来の PC 室や大型提示装置の整備など、ある程度使用範囲が限定された教育 ICT 環境の整備では、前例に倣いながら、いくつかの選択肢や情報から必要なものを集約することで対応可能でした。しかし、1 人 1 台端末の整備は、まったく別物です。多くの自治体で「経験がない」ため、課題が出るのは致し方がない、と考えることもできそうですが、予見は可能でした。総務省により平成 22 年度〜 25 年度に実施された「フューチャースクール推進事業（1 人 1 台端末を含む新たな教育 ICT 環境の整備）[3]」以降、文部科学省の実証事業や、先進的な自治体や学校法人による 1 人 1 台端末の整備と活用が進められてきました。その中には、公的な報告書や書籍などの形で記録が残されているものもあります。国外に目を向ければ、すでに 1 人 1 台を展開している国などの情報に触れることもできたでしょう。それらを紐解いていけば、GIGA スクール構想での整備後に現れそうな課題について、想像できるはずです。「教育の情報化に関して全体を設計（デザイン）できる人材や組織」が存在しているならば、これまでの情報や知見の集積から、未来に予見される課題の芽を摘んだ設計（デザイン）ができたかもしれません。先例から学び、より良い形に改善した案を盛り込むような設計（デザイン）が十分ではなかった課題については、組織や人材面の大きな課題があったことも指摘しておきます。

---

[3]　総務省「フューチャースクール推進事業」 https://www.soumu.go.jp/main_sosiki/joho_tsusin/kyouiku_joho-ka/future_school.html

PISA2018で示された、
OECD加盟国と日本のICT活用

　OECD（経済開発協力機構）が2000年から3年ごとに、義務教育終了段階の15歳児を対象に実施しているPISA（学習到達度調査）の近年の結果からは、海外と日本の違いとして「ICT」に関する部分が目立つようになってきました。直近のPISA2018に参加した79カ国・地域の中で日本は、「読解力：15位（2位）」「数学的リテラシー：6位（8位）」「科学的リテラシー：5位（5位）という結果でした（カッコ内はPISA2015の順位）。読解力の順位の低下が顕著ですが、3部門全体として、前回よりも低下傾向であることが指摘されています[4]。PISA2018の読解力分野では、全245問中、173問がCBT（Computer Based Testing：コンピュータ使用型調査）向けに新たに開発された問題であり、デジタルテキスト（Webサイト、ブログ投稿文、電子メールなど）など、日本の生徒にとって馴染みが薄い内容に変わってきたことも、順位を下げた要因の1つと考えられています。事実、PISA2018のICT活用に関する設問からは、海外と日本の違いが明確に表れています。

- 授業でデジタル機器を使う時間は、国語、数学、理科の3分野すべてにおいてOECD加盟国（37カ国）中最も短い（外国語、社会科、体育、音楽など、他の教科においても最下位かそれに近い状況）

その他、

- 関連資料を見つけるために、授業の後にインターネットを閲覧する機会
- 学校の勉強のためにインターネット上のサイトを見る機会
- Eメールを使って先生と連絡を取り、宿題やその他の課題を提出する
- コンピュータを使って宿題をする

※4　OECD 生徒の学習到達度調査（PISA）2018 国立教育政策研究所　https://www.nier.go.jp/kokusai/pisa/index.html

といった ICT の学習利用について、日本の 15 歳は「OECD 加盟国（37カ国）中、最も少ない」という結果となっています。

一方で、

- 1 人用ゲームで遊ぶ
- ネット上でチャットをする

という設問では、は、OECD 加盟国（37カ国）中、最も高い結果であり、

- オンラインゲームで遊ぶ

という部分も、OECD 加盟国（37カ国）の平均を上回る結果が示されています。

日本の 15 歳は、ICT を使った学習の機会が著しく少ないが、ICT を学校外でのゲームやチャットに利用する頻度が高い、という他国と比べて歪みともいえる特徴が報告されています。

GIGA スクール構想によって 1 人 1 台端末が整備されましたが、そのことが PISA2018 で報告されている状況の改善に直結するとは限りません。学習外での ICT 利用が定着した児童生徒にとっては、プラス面の増幅も期待しつつ、マイナス面の増幅も心配されます。マイナス面が多数となれば、学習到達度の低下に拍車がかかる可能性も否定できません。学校外利用とのアンバランスについて考慮した取り組みを考えなければなりませんし、ICT 支援員などの外部人材も、そうした実情を踏まえたうえで、より良い活用方法の定着を支援することを意識しておく必要があるでしょう。

日本の「教育の情報化」に関する政策の変遷

　日本の学校における「教育の情報化」は、これまでに実施された政策などにより推進され、ICT環境の整備や活用法の研究が進められてきました。令和2年度のGIGAスクール構想も、こうしたさまざまな政策などの延長線上に位置するものとして捉え、その時々の成果や課題などを参考にすることで、より良い活用法や、GIGAスクール構想後のICT環境整備の方向性などを見出すことができるかもしれません。「教育の情報化」に関する代表的な政策などは、次のとおりです。

- 平成6年（1994年）通商産業省「ネットワーク利用環境事業」（100校プロジェクト）　http://www.cec.or.jp/e2a/e2/100kou.html
- 平成11年（1999年）内閣府「ミレニアム・プロジェクト」（新しい千年紀プロジェクト）　http://www.kantei.go.jp/jp/mille/index.html
- 平成12年（2000年）文部科学省「学校における教育の情報化の実態等に関する調査」
  https://www.mext.go.jp/a_menu/shotou/zyouhou/1287351.htm
- 平成13年（2001年）内閣府「e-Japan戦略」
  http://www.kantei.go.jp/jp/singi/it2/enkaku.html
- 平成18年（2006年）文部科学省「教育振興基本計画」
  https://www.mext.go.jp/a_menu/keikaku/index.htm
- 平成21年（2009年）文部科学省「スクール・ニューディール構想」
  https://www.mext.go.jp/a_menu/shisetu/newdeal/kanren/1279519.htm
- 平成22年（2010年）総務省「フューチャースクール推進事業」
  https://www.soumu.go.jp/main_sosiki/joho_tsusin/kyouiku_joho-ka/future_school.html
- 平成30年（2018年）経済産業省「未来の教室」プロジェクト
  https://www.learning-innovation.go.jp/
- 令和元年（2020年）文部科学省「GIGAスクール構想」
  https://www.mext.go.jp/a_menu/other/index_00001.htm

新学習指導要領と ICT の関係

　「学習指導要領」は、学校教育法に基づき定められたもので、全国どの地域でも一定の水準の教育を受けられるようにするために、各学校で実施される教育課程（カリキュラム）の基準を示しています。おおよそ 10 年程度で改訂され、その時々に求められる能力の育成に関する内容が盛り込まれています。平成 29・30 年改訂の学習指導要領（いわゆる「新学習指導要領」[※5]）では、未来社会を切り開くための資質・能力を一層確実に育成するために、「主体的・対話的で深い学び」の実現や、「教科横断的な学習」を充実させるための「カリキュラム・マネジメントの確立」が求められています。また、学習の基盤となる資質・能力として、「言語能力」「問題発見・解決能力等」と並んで「情報活用能力」が位置付けられ、今まで以上に情報教育を意識した内容となりました。「情報活用能力」の育成のために、小中高等学校の各教科等で「コンピュータ等を活用した学習活動の充実」が必要とされ、小学校で「プログラミング的思考の育成」、中学校の技術科で「ネットワークを利用した双方向性のあるコンテンツのプログラミングによる問題解決」が盛り込まれました。また、高等学校の情報科は「情報 I」「情報 II」に再編され、プログラミングや情報通信ネットワークとデータの活用などを含む「情報 I」は、すべての生徒が学ぶ「共通必履修科目」となりました。

　「情報活用能力」を含む資質・能力の育成には、1 人 1 台の学習者用コンピュータや高速大容量ネットワークなどの ICT 環境が必要となりますが、GIGA スクール構想で整備された ICT 環境により、新学習指導要領にそった学習活動が強力に後押しされることになります。しかし、教員の ICT 活用指導力の向上や、高等学校での「情報科」専科教員の不足などの課題、そして ICT 機器を円滑に稼働させるためのメンテナンスに対応する人員確保などの課題もあり、ICT 支援員など外部人材による支援が、今まで以上に求められています。

※ 5　「学習指導要領『生きる力』」（文部科学省）　https://www.mext.go.jp/a_menu/shotou/new-cs/index.htm

「教育の情報化」関係者の役割（教育CIO、CIO補佐官、ITCE、ICT支援員など）※6、7

　「教育の情報化」を実現するためには、さまざまな関係者とその役割が適切に機能することが重要です。特に、GIGAスクール構想のような1人1台の学習用コンピュータの整備を伴うような広域かつ大規模な「教育の情報化」に関する施策が円滑に進展するためには、関係者がそれぞれの役割を果たしながら支え合うことが求められます。必要な役割が欠けていたり、特定の担当者に業務が集中し過ぎたりすると、思うように活用されなかったり、かえって課題を生み出してしまう「望ましくない結果」に陥ってしまいます。それぞれの関係者が期待される役割を共有し、より良い「教育の情報化」を実現していきましょう。

教育CIO（Chief Information Officer）

　地域における「教育の情報化」に関するビジョンを定め、その実現について計画的・組織的に実行するための、統括責任者。学校のICT環境整備、情報化による授業改善、リスクマネジメント、情報公開・広報、人材育成など、「教育の情報化」に関する施策全体の実現を推進する役割。

● 教育CIOの機能

- 「教育の情報化」のビジョンの構築
- 校務系、教育系を含む、地域の学校における教育ICT環境の整備（計画・調達・運用など）
- 「教育の情報化」による授業改善の推進
- リスクマネジメント（セキュリティポリシーの策定、定期監査、インシデント対応を含む）

※6　「『教育の情報化に関する手引き』について」（文部科学省）　https://www.mext.go.jp/a_menu/shotou/zyouhou/detail/mext_00117.html
※7　「学校のICT化のサポート体制の在り方に関する検討会」（文部科学省）　https://www.mext.go.jp/b_menu/shingi/chousa/shotou/044/index.htm#shiryo

- 情報発信、広報、公聴
- 人材育成（教職員の研修、外部人材の活用など）

教育CIO補佐官

　学校における教育活動やICT機器の整備やシステム構築などに関する経験や知見に基づき、教育CIOが推進する各施策の具体的な方法を整理し、その実現を補佐する役割。

● CIO補佐官の機能

- 「教育の情報化」のビジョンに基づく施策の検討
- ICT環境整備の予算化、中長期計画の策定、要件定義（仕様案作成含む）
- 運用体制の構築
- 国内事例の調査、報告
- 教育情報セキュリティポリシー策定（改定）
- 広報計画の策定
- 教員の研修計画の策定

教育情報化コーディネータ（ITCE：Information Technology Coordinator for Education）

　ICTを活用した教育活動や、教育ICT機器、システム、情報通信ネットワークなどに関する専門的な知見を持ち、教育委員会・学校・ICT提供企業・ICT支援員などさまざまな視点から、最適なICT環境や運用体制の構築に関するアドバイス、実証に関する支援、国等の施策や新たな機器やシステムの情報提供を行うなど、「教育の情報化」全般をコーディネートする役割。ITCEの能力を認定する試験では、1～3級のレベルが定められています。

教育 CIO

役割

地域における「教育の情報化」の総括責任者

機能

- 「教育の情報化」のビジョン構築
- ICT 環境整備（計画・調達・運用）
- 「情報化」による授業改善
- リスクマネジメント
- 情報発信、広報
- 人材育成

など

教育 CIO 補佐官

役割

「教育の情報化」に関する施策の具体的な方法を整理し、その実現を補佐する

機能

- 「教育の情報化」のビジョンを実現するための施策の検討
- ICT 環境整備の予算化、計画策定、要件定義
- 運用体制の構築
- 国内事例の調査、報告
- 教育情報セキュリティポリシー策定（改定）
- 広報計画の策定
- 教員の研修計画の策定

など

教育情報化コーディネータ（ITCE）

役割

情報教育や教育 ICT 環境に関する専門的な知見を持ち、教育委員会・学校・ICT 提供企業・ICT 支援員などさまざまな視点から「教育の情報化」をコーディネートする

機能

- 教育情報化の推進計画を設計、提案する
- ICT の教育利用に関して、的確にアドバイスする
- SE や教員等とコミュニケーションをとりながら、問題を解決する
- ネットワークシステム構築に関する技術的な問題を解決する
- 教育の情報化に関連する制度や法令を理解し、対処する方法を提案する

など

教育委員会事務局 各担当課・係

役割

「教育の情報化」に関連する事業の予算を執行し、窓口として実務を担当する

機能

- ICT 環境整備計画に関する実務
- ICT 環境の運用、保守
- 教員研修の企画、実施
- 教育情報セキュリティに関する啓発、運用手順の見直し
- 情報モラル教育の推進
- 各課、学校等との連絡調整
- 外部支援人材との協同
- 保護者や地域への情報発信

など

学校 CIO

役割

学校における「教育の情報化」の責任者

機能

- 「教育の情報化」のビジョンの普及
- 校務分掌の位置付け
- 教育課程への位置付けと、実践・評価
- 教育情報セキュリティポリシーの遵守に関する指導
- 学校 Web サイトなどによる情報発信
- 校内研修の実施

など

ICT 支援員

役割

教員や児童生徒が ICT 機器やシステムを活用する場合に、操作を支援したり、簡易なメンテナンスなどを行う

機能

- ICT 機器やソフトウェアの設定や操作、その説明
- ICT 機器やソフトウェアや教材等の紹介、活用の助言
- 情報モラルに関する教材や事例等の紹介、活用の助言
- ICT を活用した教材作成等の作成
- ICT 機器等の簡単なメンテナンス

など

図 1-2 ●「教育の情報化」関係者の役割

ICT支援員^{※8}

学校で教員や児童生徒がICT機器やシステムを活用する場合に、機器の準備や操作などを支援する役割。安定的に活用するための簡易なメンテナンスや、教材作成のサポートなども行います。

GIGAスクールサポーター^{※9}

GIGAスクール構想による1人1台の学習者用コンピュータや、校内ネットワークの学校への納入に関して対応したり、これらの利用に関するマニュアルを整備したり、教育情報セキュリティポリシーに準じたルールや運用手順書を作成したりするなど、導入時における学校での付帯業務をサポートする役割。特にICT技術に関する知見を有するICT関係企業の出身者等によるサポートが期待されています。

※ 8 「ICT支援員」は「情報通信技術支援員」ともいいます。
「学校教育法施行規則の一部を改正する省令の施行について（通知）」（文部科学省） https://www.mext.go.jp/b_menu/hakusho/nc/mext_00034.html
※ 9 「GIGAスクールサポーターについて」（文部科学省） https://www.mext.go.jp/a_menu/shotou/zyouhou/detail/mext_01007.html

GIGAスクール時代のICT支援員

GIGAスクール構想によるICT環境の特徴

　GIGAスクール構想により、各学校に従来の「教育の情報化」の枠を超えた新たな教育ICT環境が整備されました。その中には、以下のような「特徴」が見られます。

　「1人1台の学習者用コンピュータ」が整備されたことにより、

- すべての児童生徒が、いつでも情報端末を活用することができる
- 情報端末を持ち帰り、学校外でも教育クラウドなどに接続し利用することができる
- 1人1アカウント（ID/パスワード）が付与され、教育クラウドなどにログインして活用することができる

「高速大容量ネットワーク」が整備されたことにより、

- 校内の広い範囲で無線LANを経由してインターネットを利用することができる
- 画像の共有や動画コンテンツの視聴などを、多数が一斉に校内ネットワークやインターネットを利用する機会が増える
- 校内サーバーではなく、教育クラウドにデータを保存することができる

　GIGAスクール時代のICT支援員には、こうした「特徴」を踏まえつつ、GIGAスクール構想の他に、すでに整備されているICT環境の支援も求められることになります。

● GIGA スクール構想の他に整備されている ICT 環境（例）

- 大型提示装置（電子黒板、プロジェクターなど）
- デジタル教科書（教材）※主に指導者用
- 教科書会社提供のデジタルコンテンツ
- デジタル教材（ドリル教材、提示資料など）
- 書画カメラ、プリンターなどの周辺機器
- 既存のコンピュータ室
- 校務用コンピュータ
- 校務支援システム
- 学校ホームページ　など

　また、新型コロナウイルス感染症対策として「オンライン授業」を実施するための ICT 機器なども整備されています。

● オンライン授業用の ICT 機器（例）

- オンライン授業用の Web カメラ
- スピーカーマイク（一体型）
- ヘッドセット

　ICT 支援員に求められる業務自体に大きな変化はないものの、格段に増えた ICT 機器やソフトウェアや教育クラウドなどの新たなシステムと、教職員だけではなくすべての児童生徒に広がった利用者への対応が必要となります。

　ICT 支援員一人ひとりの資質・能力の向上は当然ながら、その雇用やマネジメントを行う事業者（管理担当者）が GIGA スクールを含む学校内の ICT 環境に対応した情報技術や知見を提供したり、ICT 支援員間との情報共有を行う基盤を活用したり、定期的な研修を行ったりする、「ICT 支援員をサポートする体制」を構築しておくことも、ますます重要になります。1 人 1 台という大量の端末の運用や、持ち帰りなど学校外での活用で生じる不具合や相談事項への対応を担う「ヘルプデスク」により、学校や教育委員会への問い合わせを軽減しながら、利用者へ必要な情報を提供する仕組みを併用することも効果的です。

ICT 支援員の業務対象範囲（例）

【学習者用コンピュータ関連】

操作支援
・アカウントの入力支援
・ICT 機器の操作支援
・教育クラウドの操作支援
・タイピング等基本スキルの習得支援
・操作上の注意点などの助言

操作説明
・教職員向けの操作説明
・児童生徒向けの操作説明
・保護者向けの操作説明（支援）

情報提供
・他地域の活用事例の紹介
・アップデートによる新機能の紹介
・情報モラル関連の事例や情報の紹介
・教育情報セキュリティ関連の情報紹介

メンテナンス
・紛失、故障などの対応
・充電のケア
・ネットワーク接続不具合の対応
・OS やソフトウェアのアップデート
・追加アプリのインストール
・周辺機器の接続支援、不具合対応

その他
・管理シールの作成、貼付け
・端末や付属品の数量確認（棚卸し支援）
・機器の保管庫等の整理、清掃、消毒
など

【既存の ICT 環境】
・校内ネットワーク
・大型提示装置
　電子黒板、プロジェクターなど
・教科書会社提供のデジタルコンテンツ
・デジタル教科書
・デジタル教材
　ドリル教材、提示資料など
・周辺機器（書画カメラ、プリンター）
・既存のコンピュータ室
・校務用コンピュータ
・校務支援システム
・学校ホームページ　　　　　　など

【教職員とのコミュニケーション】
・授業での ICT 活用に関する相談対応
　授業計画での活用機会の打ち合わせ
　事前準備の確認、準備作業の実施
　ICT を活用した教材の紹介、活用支援
　※オンライン授業の対応を含む
・教員の ICT 活用指導力向上の支援
　操作説明会の企画や実施の支援
　ICT 機器やアプリの操作に関する個別の相談対応
・学校で購入する ICT 機器等の相談対応
・訪問日程の調整　　　　　　　など

【その他】
・日報の作成
・各種報告資料の作成（事例、事故、ヒヤリハット事案）
・切り分け不可の不具合情報に関するエスカレーション（管理担当者へ）
・定期研修の参加
・自身の教育情報セキュリティの遵守に関する定期的な確認、報告　　　　　　など

ICT 支援員の管理業務対象範囲（例）

【ICT 支援員の雇用、服務管理】
・事前研修、定期研修の実施
・訪問日程の調整、管理
・就業状況の管理、監督
・日報の管理
・機器やシステムに関する QA 情報の共有
・事例、事故、ヒヤリハット事案の収集
・教育委員会への報告
　報告書等での定期報告
　緊急性の高い内容についての報告
・ICT 機器やシステムメーカーの対応
　不具合情報のエスカレーション
　最新情報の収集

・ICT 環境整備関連の他事業者（納入事後湯者、保守事業者等）との連絡調整
・教育情報セキュリティに関する遵守状況の定期的な確認
など

【教育委員会とのコミュニケーション】
・定期的な報告会の実施
・定期的な報告書の提出
・ヒヤリハット事案の報告
・各種連絡調整
など

図 1-3 ● GIGA スクール時代の ICT 支援員

ICT 支援員業務の要件（仕様）を検討するために

「ICT 支援員業務」の多くは、自治体（教育委員会）や学校法人などから外部の事業者に委託されています。GIGA スクール時代に入り、事業者に求める要件（仕様）についても整理が必要になるでしょう。事業者側に必要な要件を明示しその基準を満たしてもらうことで、ICT 支援員業務の品質が保証されるようになります。ここが不明瞭では、学校の課題を解決するはずの ICT 支援員業務が、逆に課題を増やすことにもつながりかねません。残念ながら、各地で ICT 支援員の需要が高まった反動で、望ましくない状況を生み出しているケースもあるようです。

GIGA スクール時代の対応としては、教育委員会や教員との情報共有の効率化や支援スキル向上の観点から、教育クラウドを利用するためのアカウントを ICT 支援員や管理担当者に付与することも有効です。実際、アカウントを付与した地域では、オンラインでの ICT 支援も可能となり、課題解決のスピードも上がったそうです。ただし、付与されたアカウントの利用については、教育情報セキュリティポリシーに準じたルールを示し、情報漏洩や不正アクセスなどを未然に防ぐことも大切です。

要件（仕様）には、必要な業務量に加えて、ICT 支援員や管理担当者の能力や資格などを記載することが一般的です。さらに、雇用に関する内容（法定福利に関連する内容や年次有給休暇の取得など）、教育委員会との定期的な情報共有の機会の確保、委託時点で導入されていない ICT 機器やソフトへの対応の有無、個人情報保護を含む教育情報セキュリティポリシーを遵守するための内容などを明示し、安全で質の高い ICT 支援業務となるように心がけましょう。

ICT 支援員業務を委託しようとする自治体（教育委員会）や学校法人などの方や、それを受託しようと考えている事業者の方は、以下の要件（仕様）例文も参考にしてください。

より質の高い ICT 支援員業務を委託するための要件（仕様）例文

● 対応する ICT 機器やシステムの範囲

- ○○月○○日（入札公示）までに学校に配備されている ICT 機器、ソフトウェア、システム等を対象とする（数量を含む対象機器・システム等の明細を添付する）
- ○○月○○日（入札公示）以降に配備される ICT 機器、ソフトウェア、システム等について、原則として提供するメーカーや受託事業者が導入、研修、保守対応を行う方針であるが、現地での支援が必要と思われるものについては、ICT 支援員が研修を受講する機会を設ける（事業開始後に導入される ICT 機器やソフトウェア等について、無条件で支援対象を拡大しない）

　ICT 支援員の稼働を前提にした ICT 機器やソフトの新規導入は、従来想定していた業務量を圧迫する恐れがあります。また、ICT 支援員の存在を当て込み、メーカーや受託事業者が本来対応すべきサポートを行わないケースも生じやすく、現場の課題を増やす要因とならないように留意する必要があります。

● 留意事項

- 請負業務における指揮命令系統から逸脱しないように留意すること
  例：他の請負事業者への指示命令、教員からの指示命令、など
- 時間外労働が発生しないように留意すること
  やむを得ず休日出勤等が必要な場合は、代休の取得や休日手当の付与等の対応を行うこと
  例：就業時間を超えた業務対応。学校行事における休日出勤、など

　関係法令を遵守した業務を履行するために、請負での指揮命令系統や、不法残業がないように留意や確認を求める必要があります。

● ヘルプデスク

- 各種問い合わせの受付
  メール、Web フォーム、TEL、専用 HP の開設

- Q&A 情報の公開
- 各種マニュアルの作成、提供
    簡易操作マニュアル、動画マニュアルなど
- 現地訪問の ICT 支援員との連携、情報共有
- 受付状況の集計、定期報告　など

● 対象外の業務

- 教職員や児童生徒の個人情報を含むデータの管理、編集、削除などを伴う業務
    例：教育クラウドのアカウント管理、ソフトウェアの ID/ パスワードの設定、校務支援システムの直接の操作、成績処理や保健管理に関するデータ処理、など
- 教育活動に関連しない依頼や相談への対応
    例：私物機器の対応、職員行事への参加、など
- 教職員の業務で利用するシステムの開発

　「ICT 支援員」は、学校での ICT 活用を支援する役割であり、機器やシステムの運用や管理を担う人材ではありません。教育情報セキュリティーの観点からも、機密性が高い情報を取り扱う業務については、然るべき資格や体制を持つ専門の事業者へ委託することをお勧めします。

● 禁止事項

- 私的端末による校内ネットワークへのアクセス
- 業務に関係のない教職員や児童生徒の写真や動画の撮影
- 教職員用のアカウントを流用または借用した、校務系ネットワークへのアクセス
- 教職員用のアカウントを流用または借用した、教育クラウドの管理機能へのアクセス
- 教育委員会の依頼ではない、ICT 機器、ソフトウェア、システムの設定変更
- その他、教育情報セキュリティポリシーから逸脱する行為

　禁止事項として特に重要な内容を明示し、教職員を含む関係者で共有しておくと良いでしょう。

　「教育情報セキュリティポリシー」で定められている「外部委託」の条件を明示することでも有効です（文部科学省「教育情報セキュリティポリシーガイドライン」1.8 外部委託 参照）。

● ICT 支援員のスキルの習得と向上

（配置前の研修）

- 学校に配備されている ICT 機器やソフトの実操作
- 校内ネットワークの概要に関する内容
- ICT 機器やソフトの操作説明対応
- 学校の教育活動における著作権に関する内容
- 教育情報セキュリティポリシーに関する内容
- 児童生徒との対応に関する内容

これらについて研修を受講し、一定のスキルを習得した者を配置すること。受講結果について配置前に報告し、配置の了承を得ることが望ましいでしょう。

（配置後の定期研修）

- 受託者は、月 1 回の定期的なスキルアップ研修を計画し、ICT 支援員に受講させること
- スキルアップ研修の内容については、配置後の状況を踏まえて検討すること
- 導入済みソフトウェアやシステムのアップデートにより追加、または変更された機能については、定期研修に盛り込み対応すること
- 配置後に新規に導入される ICT 機器やソフトウェアやシステムに関して教育委員会が学校での支援が必要だと判断した場合、定期研修に盛り込むこと。定期研修のための講師派遣や情報提供は、教育委員会からメーカーや受託事業者へ依頼するため、その経費は本業務に含まないものとする

　ICT 支援員のスキル習得と向上により、質の高い支援を受けられる体制の構築を促すことが大切です。特に、配置後に導入されるソフトウェア等の取り扱いについては、事前の方向性を定めておきましょう。

● 予算に含む事項

- 雇用している ICT 支援員の人件費（法定福利費を含む）
- 通信費（携帯電話等の利用）
- 交通費
- 研修費（配置前研修、配置後研修）
- 情報端末の賃貸借等に係る費用（業務予算での財産の取得を除く）
- 管理運営費
- ヘルプデスク関連費（ヘルプデスク機能を業務に含める場合）
- その他付帯する業務にかかる費用

  これらに係る費用について、内訳書に明示すること

  ICT 支援員が利用可能なクラウドや学習ツールのアカウントの発行に係る費用について、業務予算で対応する場合は付帯費用として明示すること

　JNK4（情報ネットワーク教育活用研究協議会）が 2020 年に発表した「ICT 支援員認定者の実態に関するアンケート調査」では、回答者の 15% が「労働契約書を交わしていない」と回答しています。こうした状況を改善するためには、「法定福利費」を含むことを明示し、適正な労働条件での就労を担保する必要があります。

対談 「GIGAスクール時代のICT支援員」
―使命と現状を語る―

五十嵐晶子、田中康平

現場にかかわっている五十嵐さんに、ICT支援員の現状をお伺いします。

五十嵐

ICT支援員業界は、今危機的な状況です。ICT支援員は生身の人間で物品ではないので、数字合わせのために調達されるようなことであってはなりません。支援員の募集が「パソコンがちょっと好きで、子どもが好きな方」という安易な感じでされていて、それで気軽に入って来たら現場はGIGAスクール構想で混乱しているという状況です。

ネットでICT支援員についての匿名のフォーラムを運営しているのですが、悩んだ末にここに「漂着」してくる支援員さんが非常に多いです。「支援員をやっているが、もう心が折れてしまってそろそろ辞めます」という人もすでに出てきています。

なぜ困っているかというと、教育現場には一般にはあまり知られていないソフトウェアが非常に多い。そういうものについての問い合わせや、使い方ならともかく、年度更新を何とかしてほしいなど、SE寄りの契約にない仕事まで降りかかってきて、わからないと「支援員のくせに」みたいな扱いを受けます。先生方との横のつながりもできていない状態なので、本当に一人で矢面に立つ。今回のGIGAスクール構想の混乱した状態の矢面に立っているのが一人ぼっちの支援員なのです。

何をさせたいのか明確でないのに、ただ人を現場に放り込むと、忙しい先生たちの雑用すら手伝えないで孤立してしまいます。この状況を何とかしないと支援員はきついなと思います。

さらに最低賃金に近い給与で丸一日拘束されるので、ほかの仕事と兼任できません。生活できないので、もう辞めますとなってしまいます。

教育情報化コーディネータとして現場にかかわっている田中さんに、混乱の原因をお伺いします。

田中

　GIGA スクール構想によって混乱が生じることは、始まるころからわかっていました。なぜかというと、全体の設計（デザイン）に「抜け・漏れ」が見られたからです。「抜け・漏れ」があるまま限られた予算と標準仕様書をおろしたので、その範囲の中だけで整備が進んでしまい、多くの人があたふたしてしまっているというケースが少なくありません。

　そこには、五十嵐さんが言われたようにいろいろな問題があって、1 つはアカウントです。

　先生自身がアカウントの利用について教育を受けていません。ドメインの概念も持っていません。ドメインを県、市区町村など、どの単位で取得するのかというデザインがされていない状況で、とりあえずドメインが取られています。ドメインによって、クラウド環境ではいろいろな権限の管理ができるということの想定が不足しているので、いざ運用段階になるとちぐはぐが起きます。

　これまでの日本の情報教育の負の面が全部表に出ている状況の中、ICT 支援員の方々が、現場でその矢面に立たされてしまっています。

田中さんとして、こうあるべきというデザインとか、設計の手順とかお持ちでしょうか。

田中

　弊社のサイトに掲載したり情報教育関係の雑誌とかにも書いたりしている「ロジックツリー」があります。このように、発生する業務を網羅的に全員で共有するための「ロジックツリー」を書いて、業務の内容、分担を理解し、関係者で共有した方が良いですよね。そうしておかないと、GIGA スクール構想みたいな規模になると 3 年とか 5 年ぐらいのスパンで考えないといけないので、運用のサイクルが回らなくなります。（「ロジックツリー」は P.12, 13 を参照）

　この中で ICT 支援員が関わる部分は、本来そう多くないはずなのです。しかし、多くの部分の支援を求められています。混乱するのは全体をデザインする段階ですでに課題があるということです。

　図の左から行くと、まず環境整備のところですね。環境整備には、学習者用のコンピュータと校内ネットワーク整備の 2 つの項目があるので、その中で何が必要になるのか、ということをちゃんと考えましょう。

　例えば、ドメインの取得です。どんなドメインをどのタイミングでとるのか、検討が必要です。インターネットセキュリティ関係も再設計した上で必要な機器の調達や設定作業を進める必要があります。さらにクラウドサービス、ドメイン登録、ユーザーアカウント設定登録、アカウントの配布という手続きがあります。

　ネットワーク系では、適切なネットワーク機器を選定したうえで、各機器の設定や設置、必要な LAN 配線や電源などの工事を経て、試験・検査というのが必要な流れです。

　次に、行政側では教育情報セキュリティーポリシーの改定が必須です。個人情報保護条例に照らして個人情報保護審査会を通さなければいけません。教育情報セキュリティーポリシーを改定するときには、基本方針と対策基準の検討や必要に応じた変更を行います。さらにそれに対して内部監査、外部監査もやらなければなりません。1 人 1 台が常備され、持ち帰っての利用も想定されているわけなので、教職員向け、児童生徒向け、保護者向けにポリシーに沿った啓発、教育が必要になります。

　本来ここまでを初年度でやる必要があり、相当な準備をして整理をしておかなければならないものです。

　それから、必ずアカウント管理作業が出てきます。年度更新、転入転出・入学卒業の対応で、データ移行・削除が発生します。これを誰がやるのか整理しておく必要があります。

　さらに機器の保守が発生します。ネットワーク機器管理、機器故障対応の窓口、預かりや返却の対応など、領域の整理が必要です。

　実際の利活用のところになると、教員研修と児童生徒の研修。ここで ICT 支援員がやるべきことは、教員研修の操作研修、授業中の操作支援、児童生徒の操作系の研修、日常の授業中の操作支援などですね。

授業の設計（デザイン）や情報活用能力の育成、あとは実践研究支援というのは、有識者を入れて学校の研究としてやるべきなのですが、この部分の整理ができないまま、ICT 支援員に押し付けられているという状態があります。

五十嵐

ほんとにそうです。年度更新のため、ASM（Apple School Manager）の操作が知りたいですと連絡がきて、なんで支援員さんが ASM をやろうとしているのって、ちょっとびっくりして。全部支援員さんにふりかかっていますよね。

ICT 支援員を派遣する企業の側はどうでしょう？

田中

ICT 支援員の受託をする企業も新規参入が多くてノウハウがない場合があります。教育系のシステムやアカウント管理のノウハウもなく、マネージャーが業務を捌けていない。業務請負契約のはずなのに、支援員が派遣労働者のような扱いをされていて、あとは現場でよろしくね、という感じで放り出されている。ここは法的な問題もたくさんあると思いますが、学校の先生方も業務請負と派遣の違いを法的にどう解釈するのかわかっていないと、現場で ICT 支援員に指示命令をしてしまう。業務請負の場合は、直接の管理者でなければ指示命令はできない。多忙な教育現場では、人手の１つと捉えられて、ICT 以外のことも含めてほぼ何でも頼んでしまう。本当に目も当てられない状況です。

法的にそれはダメですよと、教育委員会側が理解したうえで委託してほしいですし、請け負う会社は責任者をちゃんと据えて、その責任者が捌かなければいけないことと、支援員に事前研修を行うことが求められますよね。こうした内容も業務委託の仕様書に明記しなければいけません。

業務委託で受注した後で、人材を確保できないこともあり、下請けの派遣会社に出してしまうケースもありますね。派遣会社の社員として十分な研修を受けずにポンと学校現場にきます。結局、現場の先生の負荷が増えてしまう。下請けの扱いについては、仕様書の書き方次第だけですけど、ゼネコンみたいな中抜きするだけの業務委託だとしたら、一体誰のための業務なのか、と思います。

五十嵐

派遣会社自体が ICT 支援員を知らない場合も多くあります。よく派遣会社に「ICT 支援員てどんな人を採ればいいんですか」と質問されるのです。業務委託を受けたところが派遣業をやっていないなら、ちゃんと誰かを雇って行かせればいいんですけど。

時給を安く設定する企業もあり、そのために 3 か月くらいで辞めてしまう人も多くなってしまい、次々と新しい人を入れる。支援員が入っている学校では「支援員は 3 か月くらいで辞める」と思っている先生方が結構います。昔に比べてこの仕事は長く続けることができなくなりました。劣悪な状態で安く入れたところは、すぐ辞めてしまう。ICT 支援員は最低賃金というイメージがついてしまって、簡単に払しょくできないので、待遇の格差にも困っています。

田中

本当は、受託する企業を審査するような機会があったほうがいいとは思うんですけど、すぐにはできなさそうです。ICT 支援員は物ではなくて人間なので、納期のとおりに数だけそろえばいいという発想はもうやめないといけない。

五十嵐

そのとおりです。自分のところは、それでも何とか値段は下げないようにしたので、逆に入札で負けるわけなんですけど。安さをメインに落札したところは、後で困ることも多いです。

受け入れる現場、教育委員会の方々はどうでしょう。

田中

発注する委員会の方々に言いたいのは、入札にかけるのは仕方がないんですけど、人件費なので価格競争入札になると、低賃金になるわけで、当然質も下がっていく。結果、現場の先生の課題解決につながらないどころか、課題を増やす。業務を増やすことにしかならないですよ。それって税金の無駄遣いになってしまうわけで。少なくとも、まずは通常の業務として、生活ができる程度の水準。そ

れでも低いんですけど、本当は技術職には満たないけれども、一般職よりは上という水準で時間給が設定されて、福利厚生は当然ある。そのうえで実績とか、研修体制とか、マネージャーの資質・能力や資格とか、そういったものを加味して、原則として ICT 支援員業務は総合評価入札にしてほしいと思います。

　教育委員会と現場の先生も、ICT 支援員に限らず、外部スタッフを受け入れるときの必要な常識として、業務委託の方々については指示命令はできなくて、その方々が本来やるべき業務の内容を理解したうえで、相談をしたり頼んだりできれば良いと思います。

五十嵐

　匿名フォーラムで集めたアンケートにもありましたが、終業時刻の 5 時に帰ろうとすると先生に引き留められ、勤務時間があるのでと言ってもすがるような感じでお願いされて、支援したいと思うあまり、ずるずると残業になるという感じです。

田中

　本当はそれも業務委託ならダメなんです。その場合は、いったん上司に確認して上司に連絡入れて、上司の指示のもと、その日は残りますが明日は遅く来ますとか。

五十嵐

　私の知っている企業ではそうさせていましたが、そうじゃないところのほうが圧倒的に多いみたいです。反対にやらなければいけないことを拒否されることもある。例えば、プログラミング教育をやるという条件で来ていますというと、それはやらなくていいよと言われて、じゃあ何をすればいいんですかと言ったら、頼むことはない、そういう感じになってしまいます。派遣する側と現場のニーズがずれています。

ICT 支援員に求められる資質についてはどうでしょう。

五十嵐

　ICT 操作とか扱いに関して子どもたちが身に付けるべきことというのは、精密機器としての取扱いや、安全な操作方法や活用方法でしょう。そこは ICT の専門知識のある人がある程度準備して、こういう風にやっていきましょうという提案ができるメニューみたいなものを持っていてほしいんですね。

　情報モラルに関しても、きちんと支援員さんに勉強していただけたらいいなと思ってます。ICT 支援員には、機器の安全な取扱い、情報モラル、セキュリティーを学校にきちんと伝えるというスキルがあると相談もしやすいです。

　そう考えると、支援員さんって、入る前に本当にいろんなことを勉強しなければいけません。なので、本当に職業として確立させなければいけないなって思うんです。でも、ボランティアで募集しているところもありますよね。それはないでしょう、と思います。

田中

　ICT 支援員は常駐型というのが増えていますけど、実は常駐にはデメリットが少なくありません。人が固定されるために、支援の質にバラツキがあったり、人間関係の問題が生じることがあります。エキスパートの ICT 支援員がその地域に数名いて、情報共有しながら連携して対応するほうがいいです。それとマネージャー、管理者がしっかりしていることが一番大切ですね。

五十嵐

　そうです！　今まで支援員さんで活躍していた人がマネージャーになってうまくいかないケースも多くあります。プレイヤーとマネージャーには大きな違いがあります。

田中

　いいマネージャーがいて、数名のエキスパートがいたら、そのほうがよっぽど回ります。

五十嵐

　最近、支援員さんの質が下がってしまって、給与も同時に下がっていく。お金が下がるとまた質も下がるという悪循環です。私が始めた 20 年くらい前は、SE 的なことまでやることも要求されましたが、ちゃんと働けば食べられました。今それがたぶんないです。時給 1000 円で週 3 回だけとか。

田中

　教育員会の方々には、どういう方に学校の中に入ってサポートしてほしいか、という部分についても考えていただきたいですね。

五十嵐

　そうです。残念ながらトラブルも実際増えています。

　一番心配しているのは、子どもとの距離感です。今まで子どもに接していなかった方もかなり増えて、しかも今の教育事情をご存知なく、昔の教育観のままという方もいます。命令口調で話したり、我慢を強いるなどはありがちです。

　また特別な配慮が必要なお子さんも非常に多くなっていますが、具体的には、いきなり触れてはいけない、穏やかな口調で話す、ひざまずいて目線を下げてしゃべるなどの対応が必要になります。子どもに限らず、相手に不快感を与えない接し方のできない人もいて、相手を傷つけてしまったり、場合によってはセクハラになったりすることもあります。年齢や職業に関係なく、むやみに触る、不快な言葉を発するなどはやってはいけないことです。常に相手に敬意を持ち、謙虚に接することが重要です。

田中

　これは他でも同じだと思うんですが、市場が広がると、質が下がってリスクが高まると思います。学校に入ってきて新しい学習を行うための ICT の活用をサポートしてもらおうと思うのであれば、学習指導要領の内容を把握している、教科書もある程度読んだ経験もあるとか、そういったことに関心があったり、子どもたちが、「くん」や「ちゃん」じゃなくて、「さん」づけで呼ばれてることも意味がわかっていたり。そういった、学校に入る人としての最低限必要な知識や資

質というものを備えた方、またはそれを向上しようとして取り組む研修などを
ちゃんと実行できる組織に委託をする。そうしなければ事件や事故が起こる。そ
の結果、教育委員会としても責任を問われかねません。

ICT 支援員の今後について

田中

　ただの数合わせではなくて、短期間必要なときだけ都合よく使うようなもので
もなくて。長い間、その地域の教育の情報化を支えてもらうような、信頼関係が
築ける人、企業、団体と良い関係を保ちながら学校をサポートする。そこを忘れ
てしまうと、問題ばかりが増えてしまうと思います。

五十嵐

　近隣の地域の方々が加わって学校を支える、チーム学校という言葉もありまし
たけども、それの一環にもなっていると思うんですね。地域のことがわかってい
る、そこの習慣がわかっていて、文化がわかっていて、今の教育も理解しようと
いう姿勢のある方を雇っていただきたいとすごく思う。そのためには、そんな低
賃金では難しい。持続しませんよね。1 日、2 日のボランティアならいいよって
いう人もいると思いますけど、長く続くと疲弊してきます、絶対に。そこを考え
ていただけたら、みんなの幸せになると思います。

田中

　このまま ICT 支援員の環境を改善できずに終わるか、終わらないためには、
この本を読んでいただいて、発注者側もサービスを受ける側も受託する側も、お
互いの課題を解決するような形に持って行きましょう、そういう意味合いを伝え
たいですね。

新人支援員あるある① 誰の仕事？

トラブルに遭遇したら、まずは自分なりに原因と対策を考えて、先輩や上司に相談してみましょう。その積み重ねがスキルアップにつながります。

Chapter
2

ICT支援員の役割と現状

ICT支援を始めるために必要なこと

　「ICT支援」に携わるすべての人は、学校で適切な支援を提供するために、ICT支援員が学校でどうふるまうべきか、この仕事の立ち位置を知っておく必要があります。まず、ICT支援員とはどんな仕事なのか、どんな業務を依頼できるのかを確認しておきましょう。

　ICT支援をスタートするために必要なことは何でしょう。一番大切なのはこの仕事は一人の力ではできないということを知ることです。学校で活用される機器やアプリケーションは一般的には有名ではないものも多く、学校用に特別な機能がある場合もあります。GIGAスクール構想で今までとは比べ物にならない数の機器が導入されて、教員も慣れない環境で聞きたいことがたくさんあるかもしれません。初めてICT支援員として訪問する際に、なるべく早くうまくいくようにするためのコツはいくつもあります。

　これはICT支援員を派遣する、雇用する側の立場にある学校・教育委員会・企業の方にも必ずやっていただきたいことです。これがないと、ICT支援員は丸腰でジャングルに踏み込むようなことになります。

　そのために必要なことのいくつかを挙げていきます。

1. 雇用する側がICT支援員の業務を明確にする

　現在、ICT支援員は全国的に見ても幅広い仕事を受け持っています。教員の業務の隙間を埋めるような仕事も大切な業務であるため、どうしても何でも屋になりがちです。何でもできれば確かに教員にとっては便利な人になりますが、専門外の予期せぬ依頼や、知らない機器のことまで質問されたり、任されるようなことがあるとトラブルを誘発します。特にセキュリティの高い成績や、個人情報に関わるデータに触れる機会はあらかじめ制限すると良いでしょう。

　そして最も重要なのは、ICT支援員の業務内容や相談できる範囲を訪問する学

校にあらかじめしっかり伝えて周知することです。

2. 学校の ICT 環境に関する情報は事前に十分共有する

ICT 支援員が現場で信頼を得るためには、その学校で活用できる ICT についての情報を理解していることが重要です。

- 各学校の管理職・ICT 担当者の名前
- 今学校に導入されている機器・アプリケーションとそのマニュアル
- 校内のセキュリティルール
- ICT 支援員が動作確認や検証ができるような教員と同様の環境
- 委員会から学校に出されている ICT 関連の依頼や、通知
- ICT 機器の運用、保守や修理の連絡先

これらは、ICT 支援員が自分では調べたり手に入れるのが難しいものです。事前に雇用側が準備をし、随時更新するようにしましょう。

一方で、ICT 支援員として勤務することが決まった方は、各担当校の情報（学校名・読み・所在地・電話番号など）、その学校の活動や、活用している OS やアプリケーションがわかるなら、事前にどんなものか調べてみるのも良いでしょう。

3. 知らないことは調べる・質問する

ICT 支援員にとって最も大切な能力は、調べる力です。アプリケーションの使い方や機器の操作方法などのマニュアル類は、ネットを検索すれば、容易に見つかる場合も多いです。

調べるときに注意したいのは、情報の信頼性です。その情報がいつのものか、マニュアルなどの場合は、該当する製品のものであるか、型番なども確認しましょう。最近はトラブルシュートや活用方法もたくさんありますが、信頼性があるか検証し、サイトの管理者が明記されているかなども確認しましょう。教員の質問

に素早く答えたり、欲しい資料や教材、アプリケーション、サービスなどを見つける練習をしてみましょう。そしてそれを自分の知識として定着させることも忘れずに。また、うっかりミスや知らないでやってしまう失敗を軽減するには、機器やアプリケーションを手探りで試す前に、公式の説明書を探してみましょう。説明書があるなら丁寧に読んでみて、まずそれに従ってやってみる習慣をつけましょう。最近は英語の説明書もありますが、英語が苦手でも、翻訳アプリケーションなどを駆使して、必要な部分だけでも読み解く努力もしてみましょう。

　ネット検索で調べても出てこないものの代表は、その現場特有の設定や運用ルールです。GIGA スクール構想で導入されているサービスの多くが自治体や学校ごとのルールに則って設定されています。機能が表示されない、禁止されているなどの場合は、理由があってそうなっているかも知れません。そういう意味でも前述のとおり、運営側（学校管理者・委員会・企業など）はこれらの仕様やセキュリティポリシー、独自の設定については早い段階で全員の認識を揃え、支援員に周知し、マニュアルを共有しましょう。

　ICT 支援員は、学校で使われる、一般では聞かない教育専門用語や通称など、慣れるまでわからない言葉も多々あるでしょう。しかし、これは方言のようなものですから、知らない、聞いていないというのではなく、忙しい教員に聞き直すのは心苦しいかもしれませんが、間違った対応をするより、タイミングを計りながら質問して、その現場に慣れる努力をしましょう。

　もしも過去に ICT 支援員の経験があったり、ICT 関連企業での経験があるとしても、ICT は日進月歩です。学校の ICT 環境は一般企業とは異なる部分も多く、そして、教育の考え方も新しくなっています。自分の好みや得意不得意、経験があるという先入観で、支援内容を偏らせないよう、ICT 関連に限らず、常に新しいことに興味を持ち、わからないことは調べ、試してみる習慣をつけましょう。

4. 常に笑顔で接するために知識を蓄え、生活・体調を整える

　ICT が苦手だったり忙しかったりすると、教員は ICT 支援員と話す必要があっても、きっかけがつかめないかもしれません。そんなときに、笑顔で優しく、気

軽に話ができる人がそばにいると、些細なことでも聞いてみようかなと思えるものです。

　特に挨拶をすることは重要です。大人にも子どもにも分け隔てなく、明るく笑顔で挨拶をしてみましょう。そのためにはあなたの心に余裕が必要ですが、体調が悪い、悩みごとがあると笑顔を持続するのが難しくなります。日頃から睡眠を充分にとる、悩み事を話す、息抜きをするなど、穏やかな心を保てるように生活を整えましょう。

　ICT 支援員をマネジメントする部署はこれを大切にし、ITC 支援員のメンタルケアを疎かにしないように注意しましょう。マネジメントする側も、健康で穏やかな気持ちを保つよう心がけましょう。

　ICT 支援員が頼りになるとわかると、校内で引っ張りだこになるかもしれません。年間を通して学校内で活発によく動き、教室を行き来して機材を運んだり、教員や子どもたちと会話したりしながら支援をするためには、体力もかなり必要です。適度な運動を心がけ、けがをしないためにも服装や身だしなみに注意しましょう。支援する相手に不快感を与えないよう、日ごろから入浴、歯磨きをし、髪や爪なども清潔にしましょう。

5. すべての教員や子どもを尊敬し、得られるものに感謝する

　教員や子どもたちからの質問や、相談や支援を求められることは、ICT 支援員としての自身の成長を促してくれます。相談するということは、ICT 活用をしようという意欲があるということです。また、すでに自分で実験をしてみたり、授業での活用に慣れている教員の授業は支援をするうえでたくさんのヒントを与えてくれます。学校で出会う人すべてに敬意を持ち、経験できることに感謝し、親身になって考え、共に学ぶ姿勢を心がけましょう。自分が知らないことや間違えたことがあったときはそれを認め、訂正し、新たに調べたり、考える時間をいただける関係を作れるよう、教員にも子どもにも年齢や性別などに関係なく自分が教えてもらう気持ちで支援に取り組みましょう。

　ICT を使わない、苦手意識のある人に対しては、強引な提案よりも、同じ学

年で取り組みがあるものがあれば、それを紹介してみる、シンプルで短時間でできる、授業ではないシーンで使ってみることを学年単位で提案してみるというような、教員に負担の少ないものからサポートをしてみましょう。何より、教員の負担がどうしたら軽減されるかを考え、ゆっくりとコミュニケーションをとりましょう。

6. 正確に、感じよく話を聞くためのコツを知る

　質問や相談をされたら、時間や数、人の名前、場所などはメモをとりましょう。そして、要望されたことをそのまま復唱してみましょう。相手の言いたいことを自分が理解できているか確認することができます。長い説明のときは相手の顔を見て、言葉を遮らないよう注意しながら相槌を打ったり、うなずいたりするようにし、どんな相談でも肯定的に受け止めましょう。

　規則でできないことを頼まれたときは、「申し訳ありません、規則でやってはいけないと言われています」と伝えましょう。

　可否が判断できないもの、自分にできるかどうかわからないことに無理に即答するのは禁物です。しかし、どんな相談でも肯定的に受け止め、調べる時間をいただき、管理者に確認をとって正しい指示を仰ぐと良いでしょう。「え～！　無理です」「それはだめです」「禁止されてます」と突き放した言い方をせず、例えば「それはお困りですね。できるだけお役にたちたいので、上司に確認をさせてください」というように、まずは受け止める姿勢を心がけましょう。ICT 支援員は現場の生の声を直接聞ける唯一の存在です。現場の情報を通訳して ICT と教育の架け橋になれる可能性があります。

7. ICT 支援員ができないことを知る

　ICT 支援員は多くのスキルと資質を求められるものだということを感じていただけたでしょうか。こんなにいろいろな仕事のある ICT 支援員ですが、「できないこと」もあります。これを知っていると、現場での業務切り分けがしやすいでしょう。

　学校で働く大人は、「先生」と呼ばれることがありますが、ICT 支援員は、教員ではないので授業を行うことはできません。授業中に教員に代わって、機器の操作説明などは行っても良いですが、教員の代理で授業を行ったり、児童生徒の指導や評価をすることはできません。

　また、ICT 機器のユーザーレベルを超える修理を自己判断で行うことは通常ありません。機器の故障や障害に対しては、「一次切り分け」を担当するのが ICT 支援員の仕事です。故障や障害発生時に、ICT 支援員の判断でできることは、基本的にユーザーが可能な操作の範囲で、改善できることに限られます。部品交換や修理、周囲に影響が及ぶような変更、運用ルールで禁止されていることは独断で行わず、担当部署へ連絡して指示を仰ぎましょう。運営側は ICT 支援員に適切な手順やマニュアルを出すことを心がけてください。ネットワークや電源に関する問題の切り分けも同様です。障害時、ICT 支援員は必要な動作チェック等を実施し、できるだけ正確な情報を適切な所に、迅速に連絡することが大切です。

信頼される ICT 支援員になるために

ICT 支援員の業務は、校種や契約内容によっても異なる場合がありますが、ICT 支援員として最初に心がけなくてはいけないのは、一日も早く、教員や子どもたちに信頼していただけるようになることです。そのために ICT 支援員が特にやってはいけない、クレームになりやすいことを具体的に挙げます。すでに勤務している方も、振り返ってみると良いでしょう。

1. 学校の教育方針・授業への干渉はしない

前述のとおり、ICT 支援員は教員ではありません。新しい学びについて理解することは大切ですが、学校の教員は目の前の子どもたちのために日々授業を計画しています。ネットや書籍に書いてあることに振り回されて、授業自体に不要な口出しをしたり、子どもたちへの間違ったサポート、教員の授業を止めてしまうような提案、無理に新しいものを使わせようとすること、それらは、教員の支援どころか無駄な仕事やストレスを増やしてしまいます。あなたのやりたいことではなく相手のやりたいことを叶えるために知恵を絞りましょう。

2. 個人情報や著作物の持ち出しは絶対ダメ

学校で働くと、毎日多くの教員や子どもたちに接するため、さまざまな出来事や作品に出会いますが、そこで知り得た教員や子どもの個人情報や、プライバシーに関わる情報、著作物などを、無断で外部に持ち出してはいけません。SNS への書き込みにも注意しましょう。

どんなに素晴らしいと思っても、人の作ったものは許可なく公開したりコピーしてはいけません。知り合いのお子さんであったり、自分の親戚でも許されません。また、支援員自身が作った資料であっても、転用や公開は契約に従って取り扱ってください。

3. 職場での態度に気をつける

　教員や子どもに対して、馬鹿にするような言い方をしたり、偉そうにふるまうことは、相手に不快感や、話しかけづらいという印象を与え、活用促進のために必要な支援の大きな妨げになってしまいます。腕組みして上から見下ろす、説明の際にペンなどで指し示す、横柄な言い方をすることは絶対に NG です。また、自分が間違えたり失敗したときに、隠したり、意地を張ったりしても良い結果は生まれません。失敗はなるべく早く報告をしましょう。

　ICT 支援員は教員の職場で共に働く人材ですが、学校はあなたの自宅ではなく、教員は友達ではありません。なれなれしい言葉遣いは避けましょう。すべてのものに経費が使われています。許可なく設備や備品を利用する、不要不急の備品貸与を要求する、消耗品を必要以上に使うなど、遠慮のないふるまいは決してしてはいけません。

　基本的に、自分の居場所は常にリセットしてお返しする、自分の形跡を残さないよう注意して勤務しましょう。

4. 説明は平易な言葉で

　ICT 活用に慣れている人は、日常的に専門用語を多用しがちです。しかし、慣れていない人にとって、ICT 支援員の説明に聞きなれない単語が多すぎると、聞きたいという気持ちを遠ざけます。せっかく使おうと思ったものをとても難しいものに感じてしまうかもしれません。なるべく平易な言葉に置き換える練習をしましょう。

　ただし、部品や操作パネルのボタンの名称などはメーカーの正式なものを用いるほうが有効です。後でインターネット検索をするときに、正式な名称のほうが欲しいサイトにたどり着きやすいからです。

具体的なICT支援

1. 校内研修（教員向け）

　多くの学校が新しい端末（学習用コンピュータ）、それに合わせて新しいサービスを導入しています。これらの基本的な操作や、授業で使うための機能を知る研修は依頼が多い支援の1つです。ICT支援員を管理する人は、なるべく早く現場で何が導入されていて、どう使う予定か、ICT支援員が現場で正確にアドバイスできるよう、運用ルールも含め、教育委員会や学校に確認しましょう。

　校内研修に対応できるようにするために、事前に学校特有のアプリケーションやサービスについては、メーカー研修を依頼することも視野に入れ、支援員にトレーニングをする機会を設けるようにしましょう。

　その際に必要なスキルは、

- クラウドサービス・教育向けアプリケーションの基本操作と活用方法
- ネットワークの基礎知識
- 初回利用時〜低学年への授業支援（子どもへの支援）

　端末を一人ひとりが安全に使うために、多くの学校が使うときの約束を決めています。そして端末を利用するためにサービスへのログインが必要になります。サービスの利用状況によっては、複数のサービスへ、それぞれ個別のログインが必要になることもあります。

　「高学年の子どもたちは放っておいても、端末を使えるようになる」と思っている大人が増えています。しかし、年齢に関係なく、すべての人が安全に、安心して使用するために、壊れにくくする工夫、なくさない工夫、精密機械の正しい取扱い、ICT利用時のセキュリティに関する意識付けなど、運用ルールを低学年のうちに周知することが必要です。これは支援員や教員もあらためて一緒に学んでおくことをお勧めします。そして、キーボード入力に慣れていない子どもたち

が初めてログインをするときには、操作補助やトラブル対応をする大人の手が多く必要になります。しかしそれは数回で、すぐに子どもたちはできるようになるので、この最初の数回をぜひ丁寧に支援しましょう。

　日常的にキーボードの利用頻度が上がればタイピングはどんどん上達しますから、低学年が最初にタイピングを嫌いにならないよう、練習時にサポートがあるほうがスムーズにできるでしょう。

2. 環境整備

　端末の保管にはさまざまな工夫が必要です。例えばどの端末がどのクラスにあり、誰が利用するのかを管理するために目印のシールを作ったり、備品台帳を作る必要があります。充電する場所がわかりやすく、使用中のものが一目でわかるよう、充電場所にも目印のシールを貼る工夫をしているところもあります。それだけでなく、各教室でスムーズに利用できるよう、プロジェクターや電子黒板へ接続しやすいように準備する、予備の充電場所を検討するなど GIGA スクール構想用に学校内の環境を整える支援もあるでしょう。導入の初期に、各学校にある端末やアクセサリ、周辺機器の台数などを台帳にしておき、定期的な棚卸しなども行うと良いでしょう。

　いつでも、どこでも快適に使えるように機器やアプリケーションの状態をチェックすることも、目立たない仕事ですが重要な役割です。

　GIGA スクール構想ではアプリケーションやアップデートが管理側から同期される形も多いので、その確認業務もあります。

3. 行事やオンライン授業のための支援

　感染症だけでなく、災害やさまざまな理由でもオンライン授業はこれから常識になっていくでしょう。またイベントなどのスタイルも変わっていくでしょう。そのためにどんな設備が必要か、どのように設置設定したらよいか、アドバイスやサポートができることが求められます。参加者がより情報を得やすくするために、映像が鮮明に見えるか、音声がクリアに聞こえるかに注意して入念にテスト

をしましょう。さまざまなシーンでの会場準備や機器設置の仕事が、ICT 支援員の業務として増えてきています。準備を任せていただけるよう、積極的に手伝ったり、自分でも勉強してみましょう。企業側の方々も ICT 支援員が体験できる機材を貸し出したりすると良いでしょう。

4. トラブルシュート

　端末が増えることで破損や障害は当然多くなります。どのように対応するか、あらかじめ処理手順を決めておくことが大切です。ICT 支援員の役割は何か、各機器やサービスのサポート連絡先はどこか、一連の流れを確認しておき、トラブルに迅速に対応できるようにしましょう。

　障害の中でも、ネットワーク障害は大きな問題です。基本的な切り分けの仕方を理解しましょう。また、充電についても各充電保管庫が正常に動作しているか定期的に確認すると良いでしょう。

　トラブルシュートの一環として、教員の日常的な操作中のトラブル、わからない、できないことをさっと解決できる基本的な ICT リテラシーは必須スキルです。

5. 端末・アプリケーション・サービスの管理

　学校に導入される機器は中央で管理されているものが多く、新しい機材が入るとシステムに登録が必要なこともあります。

　最近のサービスやシステムには、アカウント作成・登録が必要なものも増えています。この「デバイス管理」や「アカウント管理」は学校にとっても非常に重たい業務の 1 つです。これが ICT 支援員への依頼に入ってくることがあるかもしれません。しかし、この仕事は教員、児童生徒の「個人情報」を取り扱う重要な業務であり、情報漏洩、紛失、データ消去などの重大なトラブルを招く危険性があることを、運営側（教育委員会・学校・企業）が今一度認識してください。突発的に支援員に判断をゆだねることは、決して良い判断とはいえません。もしもこの業務を ICT 支援員が行う可能性があるのであれば、企業や支援員と教育

委員会・学校の機密保持契約や、あらかじめデータの受け渡しのルールや形式を決めておく、1人で作業させない、残務は持ち帰らない、依頼書と確認書などを取り交わすなど、セキュリティポリシーとして一定の手順とフォーマットを決めましょう。本来であれば専門部署を置いて、しかるべきスキルのある人材を別途配置することも視野に入れるべきです。こうしたルール策定は、ICT 支援員の独断で行う業務ではなく、管理運営側の義務として、安定した運用のために、年度末が来る前に決めておくべき重要項目です。

6. そして最も必要なスキルは気配りのチカラ

今 ICT 支援をしていて、なかなか仕事を依頼されない、話しかけるきっかけが見つからない人は、日ごろから教員の会話や様子に意識を向け、自分ができることが何かないかを観察しましょう。

印刷、パウチ、掲示物の作成、事務的な帳票作成など、小さな仕事があれば声をかけて手伝ったり、引き受けたりしてみましょう。これができるようになるためには、実は日ごろ何気なくやっている、清掃、整理整頓、長さを測る、紙を切る、シールを貼る、ホチキスを打つなどの「生活を整える手作業」も重要です。

7. まとめ

〈教員や子どもたちに十分な支援を行うために必要な資質・能力〉

① 明るく挨拶ができる社交性とビジネスマナー

② 相手に伝わる説明ができる語彙力

③ 先入観を捨て、人の話を正確に聞き取る傾聴力

④ 日々新しくなるものへの好奇心と順応性

⑤ 不明なことを調べる検索能力

⑥ 説明書やマニュアルを読み解く読解力

⑦ 落ち着きのある丁寧な話し方と所作

⑧ 清潔な服装と安全に配慮した身だしなみ、衛生に対する意識

⑨　4 階程度の階段の上り下りや機器運搬のための筋力

⑩　安定した勤務のための健康的な生活習慣

〈教育現場において ICT 支援に必要なスキル〉

①　導入されている機器・アプリケーション・サービスに関する知識

②　Office ソフトウェアの中級以上のスキル

③　ネットワークの基礎知識

④　クラウドサービスに関する基礎知識

⑤　コンピュータの基礎知識

⑥　学校教育（教育の情報化）についての基礎知識

⑦　子どもに対する接し方の基礎知識

ICT支援員の待遇について

　現在ICT支援員の待遇は、学校や自治体によりさまざまです。

　雇用形態には「業務委託」「派遣」があります。それぞれに指示系統の違いがあります。企業側も委員会・学校側もそれを理解して業務を進めましょう。

　もう1つは自治体や学校に直接雇用されるケースです。それ以外にも実態としては学校ごとの予算で、アルバイトやスポット的に年間に数回の支援を提供してる人や団体もあるようで、ICT支援と銘打ったサービスはかなり多様化しているようです。

　勤務の頻度は週5日フルタイムの場合もあれば、年間の回数が決まっていてその中で学校と日程を調整して訪問する場合もあります。

　自分の都合で働く日数を調整できる形態を望む方もいますが、近年はフルタイム勤務を希望する人が増えつつあります。

　文部科学省からは4校に1人の割合で配備をすることが目標とされていますが、これは1校につき週1回の訪問を想定しています。ICT支援員は担当校を持ち、同じ支援員が毎回訪問する形を取っているところが増えてきました。なるべく顔を知っている人が訪問するほうが学校もICT支援員も負担が少ないのは確かです。しかし、内容を無視した数値目標の達成はまったく意味をなさないので注意が必要です。

　ICT支援員を導入する予算を考える場合、フルタイム勤務を想定するなら、基本的な賃金はその地域で生計が立てられるレベルのものになることが望ましいです。また、体調を崩したり、トラブルがあった場合に補填できるような体制を取っておくと安定した支援ができるでしょう。

　通勤は都市部や駐車場の少ない地域では公共交通機関を基本にしています。車や自転車での通勤もあります。事故やけがのリスク、学校の駐車場に余裕があるかなども意識して検討しましょう。

　1日勤務の場合、昼食は基本持参になります。食べるときに散らかりやすかっ

たり、においが強いものは避けましょう。

　多くの小学校では教員や子どもたちは給食を食べますが、給食も当然ながら料金を支払って食べています。ご好意で給食を勧めてくださる場合もあるかもしれません。しかし、これには当然1回分の料金を支払う必要があります。そのため学校事務の方の仕事を増やすことになるので、契約にない場合は、学校の様子がわかるまで、迂闊に甘えるのは避けましょう。

　一般的に公立小中学校には自動販売機などの設備がありません。水分補給ができるように水筒などを持参すると良いですが、機器にこぼすことがないようにふたのしっかり閉まるものを使いましょう。

　福利厚生に関しては募集している企業の条件を確認しましょう。

COLUMN
学校内で気をつけること

　学校の備品を借りる、使用する必要がある場合は、管理職や、事務の方に声をかけ、何のためにどのくらい使うのかをできるだけ事前に説明をして、お願いしておきましょう。備品のシール貼りや、大量の印刷などが業務として指示されている場合は、指示をする立場の人が、あらかじめ学校事務の方や管理職に備品の利用を文書やメールなどで、その目的などを明確に伝えておくと良いでしょう。

　支援員の提案、教員からの相談でその日に急に備品や消耗品を使用する場合は、必ず事務の方や管理職に許可をとりましょう。消耗品を無駄に消費したり、無断で持ち帰ったりすることはしてはいけません。一つひとつに学校の経費がかかっていることを理解して大切に使いましょう。使い終わったらきれいにして、必ず貸してくださった方にお礼を言って元の場所にお返ししましょう。

　エレベーター、台車などは、使わなくてもできる場合はむやみに使用することを要求しないでください。自分が楽をするために教員の手間を増やすことになりかねません。

　給湯室のお茶やお湯は勝手に使ってはいけません。教員から使ってよいと言われたとしても、なるべく自分のものは自分で持参しましょう。

　誰か1人の教員が良いとおっしゃっても、必ずしもそれが学校全体の意見とは限りません。むやみに借りようとしない、その都度許可をとる、丁寧にお礼を言うことは社会人としての常識です。

新人支援員あるある② プロジェクターが映らない？

不可解なトラブルの原因は、基本的なことの見落としにあったりします。
当たり前すぎるところから順序良く見直しましょう。

Chapter

3

授業のICT活用を
支援する

NPO 法人アイシーティーサポートスクエアの紹介

　2009 年 4 月に熊本市の ICT 支援員業務を行うにあたり NPO を設立し、現在では熊本市のほかに熊本県立学校（高中、特別支援学校）、県内 17 市町村の ICT 支援員業務を行う専門の法人です。

　2020 年度現在で 85 名の社員がいます。社員の前職は、パソコン関係に限らず各種インストラクターや販売、また教職員免許保持者などさまざまです。時給いくらという派遣社員ではなく全員が正社員です。

　ICT 支援員という職種が知られるようになったのは、GIGA スクール構想で 4 校に 1 人の ICT 支援員配置という政策が発表されてからですので、この職種につくのは初めてという人がほとんどです。

　そのため、社内研修や各種メーカーの研修など研修制度を充実させています。また、常にスキルアップおよびモチベーションを高く持ち続けるような制度を設けています。教育情報化コーディネータ、認定 ICT 支援員、MOT、IT パスポート、Google 認定教育者、情報セキュリティマネジメントなど、ICT 支援員として有効な資格であれば、合格祝い金として受験料の補助や、資格手当の支給を行っています。

　業務内容を大きく分類すると、授業支援、研修支援、校務支援、障害対応です。細かく分類すると、授業支援だけでも、授業準備から授業に参加しての支援、各教科での ICT 活用のアドバイス、プログラミング、情報モラル、教材作成等多岐にわたります。

　当法人は九州 ICT 教育支援協議会に属しています。学校 ICT 支援に関わる教員や ICT 支援員、教材・機器メーカー担当者まで幅広く集い、相互に連携・協力することで、子どもたちの未来につながる有効な教育活動支援を行い、学習成果の向上にも寄与しています。以前よりこの三者が協力していますが、GIGA スクール構想で 1 人 1 台の学習者用コンピュータが実現したことで、より一層の協力が必要だと感じています。

熊本市の ICT 支援員

ICT 支援員は今年度 21 名。学校からの要望でオリジナル教材や運用ツールも開発しています。教育センターの教育情報班や教育委員会各課とも ICT 支援員が直接連絡をとりあって連携しています。

ICT 支援員が大切にしていることは、急速に進化する ICT に関する情報を収集し、全員で情報共有するということと、学校に出向き、教員とたくさん話し合えるようコミュニケーションを大切にしていることです。「こうしたらいいかも！」と思いつくのは、寝る前か夢の中。忘れないようにしてメンバーに伝えます。授業で教員のじゃまにならないように適切にサポートするためには経験を積むしかありません。

支援員の1週間の活動例

表 3-1 ● ある ICT 支援員の 1 週間

月	火	水	木	金	土
5/31	6/1 9:00-12:30 常駐 小学校 14:00-17:00 常駐 小学校	6/2 ・pc ・小学校、 　小学校電話 9:00-17:00 センター	6/3 9:00-12:00 常駐 中学校 12:00-12:30 センター 14:00-17:00 常駐 中学校	6/4 9:00 常駐 小学校 14:00-15:00 訪問 中学校 配布 pc 15:00-17:00 センター	6/5
6/7 9:00-12:30 ミーティング センター 14:00-17:00 常駐 中学校 15:30 〜 幼小中連携	6/8 9:00-12:00 常駐 小学校 14:00-15:00 センター 15:00-17:00 同行 小学校 タブレット クラブ	6/9 9:00-12:30 常駐 小学校 14:00-17:00 同行 小学校	6/10 9:00-12:00 同行 小学校 14:00-17:00 常駐 中学校	6/11 9:00-12:30 常駐 小学校 14:00-17:00 常駐 小学校	6/12 13:30-16:30 訪問 小学校 授業参観

契約する自治体様の仕様により活動状況は異なりますが、基本的な活動について ご紹介していきます。

　学校担当のほぼ全員が学校で活動しています。社内には電話・メール対応を行 うヘルプデスクを完備しています。

　常駐以外の日の訪問希望やパソコンやネットワーク障害のための緊急訪問、事 務作業の時間等を入れていくとスケジュールはどんどん埋まっていきます。

　ICT 支援員の主な活動場所は学校です。学校ごとに担当支援員を決め、常駐訪 問・臨時訪問・障害対応訪問の 3 形態で訪問します。

　主となるものは常駐訪問で、半日または 1 日、学校に滞在し、活動します。 訪問予定がない場合は、資料作成、教材作成、研修計画案作成、研修のロープレ を行います。

　自治体によっては、各校月に 4 回以上など訪問回数が指定されているところ もあります。

　常駐訪問は、あらかじめスケジュールを組んでいるため、臨時対応訪問や障害 対応訪問は、担当ではない支援員が出向くこともあります。障害対応については、 1 時間以内に解決するために車で移動し対応できる者が訪問します。

　主な活動内容は、授業支援・研修支援・機器のメンテナンス、質問対応などで すが、初めて学校を訪問したときは何をすれば良いかわからない状況です。

　学校も ICT 支援員が来ることになった！　ということだけがアナウンスされ、 教員からはいったい何をする人たちなのだろう？　と思われていることもありま す。

　まずは校長先生、教頭先生と情報担当の教員へ活動内容を伝え、学校の要望を 聞き取り、技術で応えることができるよう、しっかりコミュニケーションをとり ます。

　「ICT 支援員はこんなことをします！」という支援業務案内等を持参し、活動 内容を知ってもらうことも大切です。

　当法人では、授業支援、校務支援、研修支援を 3 本の柱としています。

　熊本市では、このような活動案内を年度始めのご挨拶代わりに配布しました。 配布といってもペーパーレスを推奨している熊本市では、訪問時に直接タブレッ トで送信したり、Microsoft Teams を利用し、教員へアナウンスするという手

法です。

　学校の ICT 活用への要望や、教員の疑問や要望を聞き取り、どのような動きが必要かを考えるといいでしょう。

　聞き取り手段も教員の負担にならないように気をつけます。

　最近ではタブレットでも校務用パソコンでも、負担感が少なく回答いただけるのは Microsoft Forms や Google フォームなどではないでしょうか。

　予定の立て方は、担当校の教員と次回（いつ）どういう支援をしてもらいたいという会話より、何時間目と何時間目という具合に授業支援を決定。もしくは午前か午後かなど次回訪問時の支援内容を明確にします。よって訪問日には「やることリスト」を確認し日々業務を行えます。その他「時間があるときのやることリスト」を常に見える化しておくことが大事です。決して指示を待っていてはイレギュラーな ICT を活用実践することはできません。

年度始めの作業

　年度始めの訪問は特に大切です。教職員異動に伴うものや校務分掌の役割変更などの引き継ぎが行われる間もなく年度処理に追われることになります。この他、管外から異動で来られる教員の校務パソコンの設定や職員室内の模様替えによるネットワーク障害事案が増えます。共有パソコン、共有ドライブを把握しておく必要があります。1 年を通して天候不良による瞬電が原因で障害が重なる場合もでてきますので、ハードウェアやネットワークの基礎知識を十分理解しておくことが望ましいです。ICT 機器の障害というのは 9 時から 17 時の間に起こるとは決まっていません。教員の時間がないとき、時間外、その他さまざまなケースに対応できるように、電話だけで対応できるくらいに ICT 機器の各種設定等も事前調査で把握しておく必要があります。

　1 人 1 台のデバイス配布により、導入されているさまざまなアプリケーションの名簿処理や新入生への学習者用コンピュータ配布準備など、膨大な時間のかかる作業が発生します。

　年度処理を行い、新年度の授業で利用開始できるまでをスムーズに行えるようサポートすると既定の訪問時間では足りないくらいです。

年度始め、年度末の作業（導入されているアプリケーション・ソフトウェアの名簿、校務用ノートパソコンのアカウント追加）

　1人1台の学習者用コンピュータになり、アカウント管理が必須となってきています。

　1つのアカウントですべてのアプリケーションが利用できることが理想ですが、そのための準備はまだできていないことが多いです。

　それぞれのアプリケーションや、端末にログインするためのアカウント登録、年度始めには進級処理など新しい学年のクラス登録までさまざまな形式での年度処理を行わなくてはなりません。

　春休みの早いうちに処理をしてしまうと、新しい学年のクラスを知らせてしまうことになり、処理を行う時期も限られてしまいます。

　担当教員の負担感が軽くなり、効率的に作業ができるようサポートします。

教員との打ち合わせ

　ICT支援員は、たくさんの教員と話をすることがとても大切です。

　職員室ではICTに関する話をされているところへお邪魔したり、学級便り作成などパソコン操作をしている教員が何か困ってることはないかなと感じ取ったり、こうしたら効率的だというワンポイントの技を伝えたり、支援員は待つのではなく、常にアンテナを立てておくといろいろな話題が見つかります。

　そしてたくさんの知識という引き出しを持っておくことも大切です。

　知っている情報が少なければ、せっかくアンテナを立て、教員と話すチャンスも棒に振ってしまいます。

　一般的な知識だけではなく、携わっている自治体が必要とする知識を持っておけるようにメンバーや教育委員会の方との共通した認識をもてるよう情報共有すると良いです。

ハードウェア、ソフトウェアの操作支援の例

ICT機器の準備、整備（授業前後の準備片付け）

　授業にあたっては、事前の打ち合わせを行い、指導内容に合わせて機器の準備や動作検証、教材準備、授業を開始するための機器の操作やアプリケーション操作の活用法について提案、支援を行います。

　授業後は機器の片付けや次回の授業に向けた打ち合わせを行います。

　授業中の支援では教室に滞在し、授業の流れを確認、教員や児童生徒の操作の補助、アプリケーション操作の説明、トラブル対応などを行います。

PC、タブレット、プロジェクタ等の準備（気をつけるところ）

　各校のハードウェア、ソフトウェア、ネットワークをデータベース化しています。ハードウェアであれば、ノートパソコン、タブレット、電子黒板、実物投影機等が、どの教室に何が何台あるか、導入業者、導入時期等を写真付きで記録しています。ソフトウェアについては各種設定、導入研修、操作研修等必ず教員に模擬授業まで体験していただける知識を備えています。ネットワークについては、校内のネットワークの図面を作成し、ルータやHUB等のネットワーク機器の写真付きで撮りため、障害対応に迅速な対応ができるよう活用しています。これらは、学校担当者はもちろんですが、電話対応や担当者以外でも障害対応できるための備えです。LANケーブルの断線であればICT支援員が作成キットやケーブルテスターを持参しているので、その場で作成しています。その他HUBも持参しているので、交換が必要な場合はその場で交換対応をしています。熊本県内の支援は車で訪問しているので、最近は、遠隔授業に必要な画面の切り替えスイッチャーやキャプチャーカード、変換コネクタ、カメラ、HDMIケーブル、パーツやツールなど、Web機材として必要ないろいろな物をいつも載せています。

これら機材を使用することは、学校でどのような機材が必要かの提案にもつながり、校費で購入をする学校も出てきます。

ICT活用授業について、学校のICT機器や設備を活かし、ICT機器の接続や授業準備、授業中の操作補助やサポートはもちろん、教材作成、ICT活用提案やトラブル対応、操作指導まで多面的な支援を行います。また、指導案や指導カリキュラム作成につながる支援や情報提供を行います。

〈当法人の主な支援内容〉

- ICT機器の接続・設定、操作支援
- ICTの効果的な使い方を支援
- 教員のアイデアを活かした教材作成支援
- ICTを活用した授業提案・事例紹介
- 授業時のトラブル対応、操作支援
- 学習に応じたデジタル教材等の紹介
- 児童生徒への各種デバイスや機器操作指導
- 授業事例のデータベース化
- ICT機器操作マニュアル作成

〈「令和授業支援セット」と「メンテナンスセット」〉

2年前までは「平成の授業支援セット」として、プロジェクター、携帯型スクリーン、実物投影機、スピーカー、スキャナなど、教員の急な要望にも即座に対応できるように必要な機器を用意していました。令和に入り、「メンテナンスセット」として電動ドライバーや精密ドライバーなどの工具、LANケーブル作成キット、ケーブルテスター、エアダスターなど、機器やネットワークトラブルに対応するために必要な道具も持参します。

上列左から：プロジェクター、携帯型スクリーン、下列左から：実物投影機、ビデオカメラ、ポータブルスキャナ、スピーカー、延長ケーブル

iPad、ビデオカメラ用三脚、HDMI 30m ケーブル、スイッチャー、スタンドアロン型ライブストリーミング BOX、iPad 連動型ストリーミング BOX、コンデンサーマイク、卓上三脚、マイク、マイクスピーカー、連結用スピーカーマイク、ビデオカメラ、Apple TV、HDMI キャプチャーカード、マイクスピーカーシステム

図 3-1 ● 平成の授業支援セット（上）、令和の授業支援セット（下）

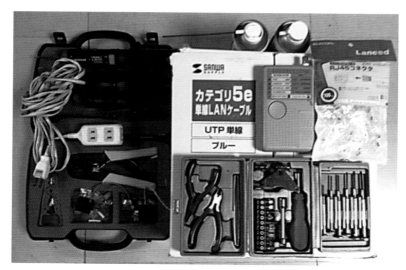

左から:電動ドライバー、OA タップ、LAN ケーブル作成キット、工具セット、ケーブルテスター、LAN ケーブル、上：エアダスター

変換ケーブル、HDMI リピーター、HDMI 分配器、HDMI RGB 変換アダプタ

図 3-2 ● メンテナンスセット（上）、オンライン用各種変換コネクタ（下）

緊急×重要マトリックス

　ICT支援員は自分の担当校でやるべきことを常に頭に入れておかないといけません。授業支援、研修支援以外は、今は何をやるべきかを判断し行動することが必要です。また、学校に導入されているアプリケーション・ソフトウェア、パソコンの操作を覚えないといけません。その中で研修では20〜30%の機能で説明します。当然教員が希望される内容次第ではもっと高度な内容になるかもしれません。事前に教員と内容を詰め研修のゴールを決めておくようにします。そのため、研修当日を迎えるにあたり、何度も練習する時間が必要となります。授業支援の延長でもある各種行事支援も技術で応えます。体育館内、運動会・体育祭、文化祭等、学校内でICTを活用する場面にはICT支援員が必須です。

　その他、毎日の日報、授業支援の記録（写真付き、動画等）、月報等、毎月教育委員会へ提出する必要があります。

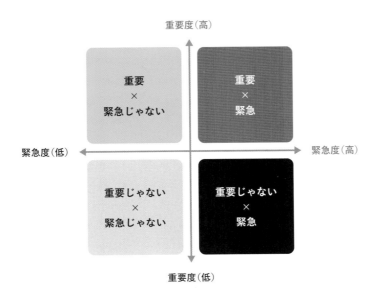

図3-3 ● 緊急×重要マトリックス

新人支援員あるある③ 学校は寒い？

　校内は広くて寒暖の差もあるので、温度調節でき、動きやすい服装にしましょう。上履きもスリッパよりスニーカータイプがお勧めです。

Chapter

4

教員の校務を支援する

校務とは何か

　学校に勤務したことがなければ、教員の仕事は、子どもの前で授業をすること以外に、あまり思いつかないと思いますが、実は授業以外の多くの業務が存在します。具体的にいうと、例えば、給食。給食センターや調理室から食べ物が運ばれてくるのはすぐわかると思いますが、何月何日に、何年生に何食必要であるとか、遠足や参観日などで給食が要らない日がでてきたり、アレルギーのある子どもには、何月何日のこの食材は除去して…など、給食1つとっても、実は1か月前の計画の段階でそれらをとりまとめる仕事も存在します。そして、給食には国の補助金が使われていることもあり、実施報告書などで、牛乳を何本使ったとか、検食をして異常がなかったかについての報告書の提出など、校内で行われている活動については、前後に数々の書類等が必要になります。

　給食の例を示しましたが、実は学校では、これ以外にも校務分掌（こうむぶんしょう）という、担当業務がかなり多いのです。表4-1は、ある学校の校務分掌の例です。

　学校によって多少違いはありますが、これらの担当業務をそれぞれの学校の教職員で分担します。学校規模にもよりますが、中規模以下の学校では、学級担任といえども、複数の業務を受け持つことになり、授業の合間を縫って行っています。年に数回しかやらない内容であったり、毎週あるいは毎日やらなければならない内容であったりして、業務量には差があるので、できるだけ担任の負担を軽減しようと工夫する学校がほとんどです。

　特に、この表の左2つの項目については、計画書の提出や評価、反省などの書類が発生します。そのため、4～5月はそれらの業務に時間をとられることが多く、忙しくなるものです。

　ICT支援員が初めて学校に来たとき、職員室の様子を見て、「先生の仕事って、本当にトイレ行く間もないんだな」と感じるのは、このように授業以外の業務もたくさんあることに起因します。

　また、これらの校務内容は、その内容によってセンシティブな内容を含むものもあるので、取扱いを慎重にすべきものもあります。具体的には、特別支援コーディネータに関する業務は、特別支援の子ども達の情報が集まっているので、例えば、誰が所属しているということすら、秘密を守る必要がある内容であることを知っておく必要があります。

表 4-1 ● 校務分掌の例

対外主任	教科／領域等	校内担当	会計
教務主任	国語	給食	市費
研修主任	算数	給食準備／片付け	給食
人権教育主事	社会	Web ページ	集金
道徳教育推進教師	理科	校報	PTA
生徒指導主任	体育	スクールカウンセラー担当	補助金
特別支援コーディネータ	音楽	校内掲示	購買
学力向上	図工	PTA	
校内初任研担当	家庭科	清掃	
適応指導教室担当	総合	浄書	
食育リーダー	外国語	教科書	
保健主事	特別活動	応募作品整理	
防災・安全	消費者教育	栽培	
GIGA	環境教育	厚生	
	キャリア教育	購買	
	外国語担当	資源ゴミ回収	
	消費者教育	交通指導	
	金銭教育		

校務と役職

　校務の役割と役職は異なります。整理しておくと、役職は校長や教頭等、教育委員会から任命されるもので、校務の役割は各校で校長が指名するものです。したがって、役職は学校を異動しても昇任しない限りは、同じ役職になりますが、校務の役割は同じ学校で勤務しても、年度によって変わることも多いのです。いわゆる「担当者」「係」という位置づけになります。

　そのほか「資格」についての位置づけですが、基本的には学校において「資格」が重要視されることはありません。例えば、学校現場でよく言われる「図書館司書」「司書教諭」は、現状では図書館の担当をすることがあっても、それを専任で行うような自治体はほとんどありません。同様に、IT関係の資格にしても、それを持っているからといって、新たに新しい部署ができるわけでもないのです。

校務が増えるわけ

　○○教育という言葉は、何か社会的に問題が起こると必ず話題に上る言葉です。近年では、オンラインショッピングのトラブルや、キャッシュレスにまつわる社会的課題などが出てくると、金銭教育や、消費者教育等のキーワードがでてきました。また、メディアリテラシーの問題が出てくると、ネットリテラシー教育や著作権教育などの言葉が出てきたりします。そのたびに、学校現場に担当者を置くように指示されると、前述の校務分掌がどんどん増えてきてしまいます。

ICT支援員と校務の関係

　これらの校務分掌とICT支援員の関係については、これまで述べたように、各役割の忙しさと、業務内容を理解することから始まります。一般に教務主任は、学校における各クラスの時間割管理を行っています。休んだり出張に出たりする教員の受け持っている授業の入れ替えをしたり、自習計画を管理するなど、最も

担任に近い存在です。したがって、ICT 支援員は教務主任と絶えず情報交換をして、連携することが重要なのです。ICT 支援員がそれらの課題解決の先手を打って各教員の支援にまわるために、さまざまな事例を経験的に蓄積しておく必要があるのです。

　また、校内の情報担当者の教員とも良好な関係でいたいものです。実際のところ、担任をしながら情報担当者をするのはなかなか大変です。GIGA スクール構想では、ログインにまつわるトラブルは減少すると思われますが、不具合の報告と、それらの問題解決をどのようにして行くかは、ICT 支援員だけの判断では難しい場合もあります。

教育委員会について

　各教育委員会は、学校の設置者…つまり、誰がその学校を建てるのかという区別があります。一般に○○立△△学校という言い方をするのは、設置者を明らかにしているといっていいでしょう。そして、それぞれの設置者が、その学校で勤務する教職員等を雇用するのですが、自治体規模の小さい市町村では、市町村立の小中学校に勤務する大勢の教職員を雇用するだけの予算が足りず、都道府県が雇用している教職員を派遣してもらうようになります。そのため、学校という器は、市町村が建てますが、そこで働く職員のほとんどは、都道府県に雇用されている職員となります。このことを都道府県費職員と呼び、市町村費職員とは区別されています。

　そして、多くの市町村立の学校で働く職員は、都道府県教育委員会が任命を行い、市町村教育委員会は、その人事管理を行うというように、権限が分かれています。なぜこの話を出したかというと、市町村立の学校で働く ICT 支援員は、市町村教育委員会が費用を負担しているということを意識する必要があるからです。

ICT 支援員が行う校務支援

　学校の中での個人情報の取扱いについては、その閲覧権限について、明確に決めているはずです。ICT 支援員は、権限のある方の指示を受けて、それぞれの情報操作をするという手順が大事です。

　本来教職員の権限で行うべきことを代行するという場合は、必ず教育委員会の確認が必要となるということです。教育委員会レベルで「やってよいこと」と「やってはいけないこと」を明確にする必要があります。

　次の表は、ある自治体の ICT 支援員の作業権限の一覧（抜粋）です。

表 4-2 ● 作業権限の一覧（抜粋）

	教育委員会の権限	導入・管理業者の権限	情報担当者・現場教員の権限	ICT 支援員の権限
①アカウント	アカウント発行	－	アカウント編集	一覧表・個別カード発行
②デジタル教科書	購入・ライセンス管理	インストール	ワークシート作成	ワークシート作成
③Web管理	CMS 契約※	CMS 設定	記事作成	記事登録サポート
④校務支援システム	契約・管理規則運用	設定	フォーマット編集	印刷サポート
⑤学習支援システム	購入・ライセンス管理	－	児童名登録・クラス編成	授業中の教員支援
⑥タブレット	購入・備品管理	修理の一次対応	台数確認・貸し出し管理	授業中の学習者・教員支援

※ CMS（コンテンツ・マネジメント・システム）

　これによると、ICT 支援員ができる事が明確になっており、特に授業中の支援が中心であることがよくわかります。

校務支援システム

　小学校で求める校務支援システムの内容と、中学校・高等学校で求める校務支援システムの内容では、違いがあります。中学校・高等学校ではどちらかというと成績処理がメインとなり、テストの素点処理に重きが置かれています。また、進学の際の調査書に記入する記述のほか、出席日数やテスト結果や席次などを整理して正確に記入できるかということが求められます。

　小学校では、記述にて処理される部分が多く、それらの作成には時間がかかるものです。またそれゆえ、改行の場所や、句読点の禁則処理、外字などのこだわりも発生します。基本的な考え方として、これまで紙で実現していたことを、同じようにアプリケーションで運用するのではなく、電子化により細部のこだわりを捨て、共通化による負担減を重視することが大事です。

　したがって、それらの原則を知ったうえで、校務支援システムの利用の手伝いをするという立ち位置になります。通知表や各種帳票のフォーマットの確認のほか、学期の期日設定や欠席理由の選択肢の設定などの簡単なものから、名簿登録やクラス編成のような取扱いが重要なものなど、同じシステムの中でも、ログインする人の権限で分かれています。

　通常、前年度までの成績などに関してのアーカイブは、PDF などの形式で保存されていることが多いのですが、過去にさかのぼって見えるということは、守秘義務にかかる内容でもあるため、慎重を期すとともに、厳格な対応が大切です。

　校務支援システムを利用する教員が不安に感じることには、

① 操作が正しいか
② データの削除や上書きの注意の判断
③ 印刷したときに、別のプリンタに出たりしないか
④ 操作ミスによるデータの流出がないか

などの項目がありますが、「思ったとおりにならない状態に対して、何が悪いのかがわからない」という不安が多いと思われます。

　そんなときに、ICT支援員が、横にいるだけで安心するということもよく聞きます。実はこれも大切な役割であると思っていいでしょう。

校務支援システムの年度更新

　学校にとって最も事務作業の増える時期が、年度始めと年度末です。特に年度末は、年度終わりの作業と同時に次年度の作業を並行して行うため、ミスも起こりやすくなります。年度末に行う子どもたちのICTに関する作業として、学習支援システムの進級処理があります。また、進級だけでなく卒業処理も必要になります。これらは支援システムにより、処理方法が細かく決められているので、シミュレーションをしっかり行って作業をすることが大切です。特に、進級処理のタイミングによっては、まだ各担任が作業をしていることがあるなど、十分確認したいものです。卒業処理についても、大抵の学習アプリケーションは、すぐには消えずに、卒業生という分類がされることもあります。

　さらに、進級処理と同時に、次年度のクラス編成などの情報を設定するようになりますが、各学校とも「クラス編成」つまり次の学年ではどの子がどのクラスなのかという情報は、担任が誰であるという情報とともに、トップシークレットです。単に作業効率を上げるために、早くそれらをしてしまうと、それらの情報が漏れてしまう恐れもあります。また、直前にクラス編成が変更されることもあるため、さまざまな名簿等でも変更のある場合があることを知っておくべきです。

　また、中には春休み中に端末を持ち帰っていたり、家の端末から学校のIDでアプリケーションにログインするなどが可能な場合は、その時点で所属クラスが表示されたり、担任の教員が表示されるようなアプリケーションでは、始業式を待たずして、それらの情報が漏れることになってしまうので、十分注意する必要があります。

保護者との連絡、学校情報発信の支援

　学校 Web ページによる情報発信は、学校評価のうえでも重要なことです。ほとんどの学校で CMS（コンテンツ・マネジメント・システム）を利用した Web ページを運用していますが、担任が記事を書くように指示されている学校も少なくありません。失敗して変な記事が発信されたら困るという不安を抱える教員もいます。その中でもよく聞かれるのが、名札を消したいとか、画像そのものの解像度を下げたいなどの、写真に関する相談です。また、複数の写真を並べる方法なども、質問の上位を占めます。そのため、的確に支援できるようにしておくことが大切です。

　日々の学級の様子の発信だけでなく、学校評価の PDF や校歌の再生、近年では、動画を保護者限定で配信したいという希望も多くなってきました。これらの解決には、複合的に条件を確認し、一つひとつ問題をクリアしていくことが求められます。例えば、動画の配信としての YouTube アカウントの問題、閲覧を限定する方法、映り込む子ども達の肖像権、利用する教材の著作権、タイトルの作成、編集などクリアすべき項目がかなり多いです。ICT 支援員としては、これらのクリアすべき問題を説明しながら、具体的にどうすれば良いかを提言する必要があります。もちろんこれらの提言は、管理職に対してになります。内容によっては、教育委員会の決裁が必要となることもあるため、すぐに対応できる内容ではありません。

　また、オンラインビデオ会議システムを使った授業や、保護者向け会議、教員向けオンライン研修の相談など、具体的な解決を求めることも多くなってきました。各種サービスにおいて学校向けのサービスの場合は、一般と異なって、時間に制限がなくなったり、保存容量が増えたりするなど、条件が違う場合が多いのです。これらアカデミック対応については、各製品、サービスの規約をしっかり読んでおかないと、思わぬミスをすることになるので注意してください。

　さらに、マイクや、スイッチャー、延長ケーブル、Web カメラなど、周辺機器の相談も多くなります。カタログだけではわからないことも多いので、実際に実施している場面での情報収集が欠かせません。特に HDMI ケーブルに関するトラブルは至るところで起こるため、時間的にも早めの準備が大事です。

統合型校務支援システム

今では単なる校務支援システムから、統合型校務支援システムという表現が一般的になってきました。これは、成績処理や通知表の作成等のほかに、保健関係、事務処理系なども含めた校務全般の処理を一括して行うシステムのことをいいます。

文部科学省　統合型校務支援システムの導入のための手引き　H29年度
https://www.mext.go.jp/a_menu/shotou/zyouhou/detail/1408684.htm

校内には校務分掌に伴うさまざまな個別のデータが存在し、そのために別の帳票から転記をしたり、集計し直したりして、かなりの時間ロスになるだけでなく、ミスが生じやすくなります。しかし、出席簿と通知表が連動したり、行事予定が学校日誌に連動したりするなどの小さな連携を全体に広げ、校務すべてにおいて情報共有と連携ができるような仕組みが、統合型校務支援システムなのです。

ただ、自治体ごとにこれらの仕組みがフル装備で用意されているところと、小さな部分だけが用意されているところとの差が大きいのも現実です。その原因としては、メリットは理解するものの、多額の費用がかかり、小さな自治体では予算化できないなどの問題があります。自治体をまたいで勤務することが多い教員にとって、異動するたびに仕組みが異なることでの事務負担は大きなものとなります。そしてそのことが、勤務時間の長時間化をもたらしているのも事実です。

そこで、広域（例えば、都道府県）で共同調達してコストを下げることと、どの学校に異動しても同じ仕組みが使えるというスケールメリットを活かせるよう工夫する所も増えてきました。これにより、利用者である教職員同士の教え合いが活発になり、操作説明についてのトラブルが減ることになります。

ただ、フル装備かどうかという点においては、小中学校において現時点では、それらが十分整備できているところはあまり多くありません。特に課題となるのが、都道府県費職員という身分上の関係から、政令指定都市を除き、出張の命令と旅費の処理を各市町村で行えないため、どうしてもそれら事務作業の部分で統

合できないというケースがあります（P.75「教育委員会について」参照）。

　そのため、ICT支援員が課題解決できる部分は運用のみになってしまいますが、教員が置かれている状況を理解したうえで、少しでも事務作業が削減できるよう、現場でリサーチしておくことも大切です。

COLUMN
勤務時間について

　支援時間は守りましょう。どうしても業務が終わらず、残業をしたり、学校から依頼されて、本来勤務日ではない、土日などに支援を依頼されたりしたときは、必ず雇用元に連絡を入れ、対応の可否を確認しましょう。独断で受けたり、無料で勝手に受けることがないようにしましょう。「私がやりたいからいいんです」という、一見サービス精神旺盛に見える発言も、教員の残業を助長したり、他のICT支援員さんにそのルールの逸脱を強要するきっかけになります。小さいお子さんのお迎えがあったり、勤務時間外はそれぞれの人のプライベートがあることを意識しましょう。

　契約している内容に従い、その日に終わらなかったものは次回にさせていただいたり、もしも残業をすることになった場合は、雇用元との契約に基づき、ほかの日で勤務時間を調整することもあります。学校都合で早く帰る必要がある場合は、どこに連絡をしたら良いか、早退した分の勤務はどのような扱いになるかを都度確認しましょう。

個人情報を取り扱う場面と注意点

　これまでに述べたように、ICT 支援員は多くの個人情報を目にする立場でもあります。個人情報についてはより厳重な管理が求められるのはいうまでもありません。特に気をつけたいのは、職場での子どもの様子や教職員の様子を、SNS や友人との会話の中での話題として出さないようにすることです。どこで、誰が聞いているかわからないし、聞いた第三者がまた誰かに話をしないとも限りません。

　また、例えば、「○○さんという生徒は○○中にいますか？」という質問に対して、「いる」「いない」のどちらであっても情報としては同じなので、どちらの答えもしてはいけません。ここでは、「答えられない」というのが正解です。

　そのほか、先に述べたような新学期のクラス替えの情報や担任名はもちろん、直接学習に関係ないさまざまな情報（誰と誰がケンカした。けがをして病院に運ばれた。○○君の親がクレームのために学校にやってきた）も、自然と耳に入ってくるので、細心の注意が必要です。

新人支援員あるある④ 子どもは見ている

支援員は教育にかかわる立場なので、行動には気をつけたいものです。
学校周辺での交通違反、マナー違反は子どもに見られているかも。

Chapter
5

ICT環境を整える

GIGAスクール構想に対応したICT環境

　GIGAスクール構想では、児童生徒1人1台の学習者用コンピュータの整備を全国各地で同時期に進めることになりました。整備を担当する都道府県や市区町村の教育委員会では、ICT機器などに求められる機能や設定内容などを検討し、その要件をまとめた「仕様書」に基づいた「入札」によって受注事業者を決定し、各学校への整備を進めていきます。しかし、これまでほとんどの教育委員会では1人1台規模の「入札」を実施した経験がありませんでした。どのような要件を検討すればよいのか、どれほどの予算が必要なのか、予算の妥当性を評価できるのか、といった不安によって、整備の遅れや不必要な機器の導入などの課題の発生を防ぐために、文部科学省は「GIGAスクール構想の実現 標準仕様書」[1]を取りまとめ、各教育委員会に通知しています。

　この「標準仕様書」は、「学習者用コンピュータの標準仕様書」と「校内LAN整備の標準仕様書」で構成され、「新時代の学びを支える先端技術活用推進方策（最終まとめ）」[2]に基づいて、教育委員会が仕様書を作成する場合の例が示されています。また、「新時代の学びを支える先端技術活用推進方策（最終まとめ）」で指摘された、ハードウェアや利活用上の課題（下枠内）を踏まえ、それらを解決するために必要な要件を含んだ内容となっています。それぞれの詳しい内容については、文部科学省のHPに掲載された情報を参照してください。

ハードウェア上の課題

- 多くの家庭でパソコン（タブレットも含む）を所有し、スマートフォンの普及率が高まっている中、学校での教育用コンピュータの配置や無線LANを初め

※1 「GIGAスクール構想の実現 標準仕様書」令和2年3月3日　文部科学省　https://www.mext.go.jp/a_menu/other/1421443_00002.htm
※2 「新時代の学びを支える先端技術活用推進方策（最終まとめ）」令和元年6月　文部科学省　https://www.mext.go.jp/a_menu/other/1411332.htm

とした通信ネットワークは脆弱で、ICT 環境の整備は不十分であり、地域間格差も大きい。

- 学校で使うためのパソコン等の機器は、教師のニーズや働き方に照らして使い勝手が悪く、価格も市場と比較して高く整備されている場合が多い。

利活用上の課題

- 学習指導要領の求める資質・能力を育成、深化し、子どもの力を最大限引き出すために、どのような場面でどのような機器を利活用することが効果的なのか、実証的な検証等が少なく明らかでない。
- データは機関や事業者ごとに異なる指標を使って収集しており、膨大なデータを集めても、機関間でのデータの受け渡し（データ・ポータビリティ）が確保されていないため正確な比較や参照ができず、収集したデータが教育の質の向上に十分に活用されていない。
- セキュリティの確保やプライバシー保護の観点を重視し過ぎていることから、データの利活用が進んでいない。

※「新時代の学びを支える先端技術活用推進方策（最終まとめ）」より抜粋

学習者用コンピュータ：
3つのOSとデバイスの特徴

　「学習者用コンピュータの標準仕様書」には、Microsoft 社、Google 社、Apple 社、が提供している OS を搭載した学習者用コンピュータに求められる内容や、「学習者用ツール」、「LTE 通信でのネットワーク整備」などが示されています。教育委員会では、標準仕様書に記載された内容を参考にしながら、必要な部分を検討し、「調達仕様書」を作成しています。

　「学習者用コンピュータ」の仕様を作成する際の視点として示された下の 6 つの項目からは、新学習指導要領との関連や、クラウド環境の導入など、GIGA スクール構想の実現によって期待されている ICT 環境の在り方を知ることができます。

① 新学習指導要領における ICT を活用した学習活動を具体的に想定すること

② ICT を活用した学習活動を踏まえ優先的に整備すべき ICT 機器等と機能について具体的に整理すること

③ 必要とされる ICT 機器等およびその機能の整理にあたっては、限られた予算を効果的かつ効率的に活用すること

④ 学習者用コンピュータは先端技術を取り入れた高価・高性能な機種である必要はなく、むしろ不要な機能をすべて削除した安価なものを時代に合わせて更新していくこと

⑤ 従来の端末に集中したオンプレミス型よりも、適切な通信ネットワークとパブリッククラウドによるクラウドコンピューティングを基本とすること

⑥ 調達にあたっては、サプライチェーン・リスクに対応するなど、サイバーセキュリティ上の悪影響を軽減するための措置を必要とすること

※「GIGA スクール構想の実現 標準仕様書」より抜粋

　調達コストを安価に抑える手段として、都道府県内で同一のモデルを採用する自治体が「共同調達」に参加することも推奨されました。これにより、同じモデルの学習者用コンピュータを整備した地域などでは、教員研修や、異動時の操作習得の効率化が図られています。

　「学習者用コンピュータ」として示された 3 つの OS とデバイスの特徴として、一般的に次のようなことが言われています。

● Windows 端末の特徴

　従来の PC 室や校務用 PC で最も利用されていた OS を搭載し、過去の教材や作品データなどをそのまま利用することが可能である。

● Chromebook の特徴

　Google の Chrome ブラウザが主体となった OS を搭載し、起動が早く、常にアップデートされた最新の状態で利用できる。Google Workspace のアプリケーション上で共同編集を行ったり、Classroom での課題の配信、カレンダー、共有ドライブ、など、教育クラウド環境を有効利用することができる。

● iPad の特徴

　タッチ主体の直感的な操作によって、低学年でも活用しやすい。さまざまな学年や教科で活用できる教育用アプリケーションが充実している。インターネットに接続していない環境でも、Air Drop 機能を利用して端末間でデータや画像の送受信が可能である。

　2021 年 1 月に株式会社 MM 総研が実施した「GIGA スクール構想実現に向けた ICT 環境整備調査」[3] によると、回答した 1478 自治体の中で、43.8 ％が Google の Chrome OS を採用（最多）、次いで、iPad OS が 28.2 ％、Microsoft Windows が 28.1 ％であることが報告されています。文部科学省が毎年 3 月に実施している「学校における教育の情報化の実態等に関する調査」でも、このような調査結果が報告されると思います。全体の傾向を理解する意味でも、

※ 3　「「GIGA スクール構想実現に向けた ICT 環境整備調査」2021 年 2 月　株式会社 MM 総研
　　　https://www.m2ri.jp/release/detail.html?id=475

こうした調査結果を理解しておくと良いでしょう。

その他、各 OS 別の詳しい仕様については、「学習者用コンピュータ標準仕様書」
を参照してください（表 5-1）。

表 5-1 ● 学習用コンピュータ（児童生徒用）標準仕様

OS	Microsoft Windows 10 Pro	Google Chrome OS	iPadOS
CPU	Intel Celeron 同等以上 2016 年 8 月以降に製品化されたもの	Intel Celeron 同等以上 2016 年 8 月以降に製品化されたもの	－
ストレージ	64GB 以上	32GB 以上	32GB 以上
メモリ	4GB 以上	4GB 以上	－
画面	9〜14 インチ（可能であれば 11〜13 インチが望ましい）タッチパネル対応	9〜14 インチ（可能であれば 11〜13 インチが望ましい）タッチパネル対応	10.2〜12.9 インチ
無線	IEEE 802.11 a/b/g/n/ac 以上	IEEE 802.11 a/b/g/n/ac 以上	IEEE 802.11 a/b/g/n/ac 以上
LTE 通信	LTE 通信に対応していること（本体内蔵または外付けドングルを使用）	LTE 通信に対応していること（本体内蔵または外付けドングルを使用）	LTE 通信に対応していること（本体内蔵または外付けドングルを使用）
形状	デタッチャブル型またはコンバーチブル型		
キーボード	Bluetooth 接続でない日本語 JIS キーボード	Bluetooth 接続でない日本語 JIS キーボード	Bluetooth 接続でない日本語 JIS キーボード
カメラ機能	インカメラ・アウトカメラ	インカメラ・アウトカメラ	インカメラ・アウトカメラ
音声接続端子	マイク・ヘッドフォン端子× 1 以上	マイク・ヘッドフォン端子× 1 以上	マイク・ヘッドフォン端子× 1 以上（マイク・ヘッドフォン端子がコネクタと共用になっている場合は分配アダプタで対応）

OS	Microsoft Windows 10 Pro	Google Chrome OS	iPadOS
外部接続端子	USB3.0 以上 × 1 以上	USB3.0 以上 × 1 以上	Lightning コネクタまたは、USB Type-C コネクタ × 1 以上
バッテリ	8 時間以上	8 時間以上	－
重さ	1.5kg 未満	1.5kg 未満	1.5kg 未満
スタンド	－	－	利用時に端末を自立させるためのスタンドを端末台数分用意すること（キーボードがスタンドになる場合は別途準備する必要はない）
その他	本端末を学習用コンピュータとして適切に運用するために最低限必要な以下設定について、ネットワークを介して行うための端末管理ツール（設定作業は含まない） ・端末制御などのポリシーの設定 ・端末が利用するアプリケーションの配信設定 ・接続先ネットワークの制御 ・紛失・盗難時の制御設定	本端末を学習用コンピュータとして適切に運用するために最低限必要な以下設定について、ネットワークを介して行うための端末管理ツール（設定作業は含まない） ・端末にログイン可能なユーザーに関する制御設定 ・端末が利用するアプリケーション、拡張機能等の配信設定 ・接続先ネットワークの制御 ・紛失・盗難時の制御設定	本端末を学習用コンピュータとして適切に運用するために最低限必要な以下設定について、ネットワークを介して行うための端末管理ツール（設定作業は含まない） ・端末の機能制御設定 ・端末が利用する App/Book の配信 ・接続先ネットワークの制御 ・紛失・盗難時のセキュリティ設定（強制ロック、強制ワイプなど）

GIGAスクール構想における学習者用コンピュータの特徴

　GIGAスクール構想で整備された学習者用コンピュータは、Microsoft 社、Google 社、Apple 社が提供している 3 種類の OS から選定されています。それぞれ、メーカーや筐体の形、操作方法など異なる部分がありますが、いくつかの共通点もあります。この内容から、学習者用コンピュータ全般に求められる機能を理解することができます。

学習者用コンピュータの主な共通点

キーボード

　どの OS を選定しても、タイピングによる入力操作を習得できるように、物理的なキーボードを利用できることが求められています。これは、小学校の学習指導要領の総則（第 3 教育課程と学習評価　1 主体的・対話的で深い学びの実現に向けた授業改善（3）情報活用能力の育成 ア）に書かれている「児童がコンピュータで文字を入力するなどの学習の基盤として必要となる情報手段の基本的な操作を習得するための学習活動」を実施するための機能です。

カメラ機能

　学習活動における写真や動画の撮影や、QR コードの読み取りが可能であることが求められています。新しい学習指導要領の全面実施に合わせて改訂された教科書に、動画や音声などの教材コンテンツを利用するための QR コードが記載されていることも関係しています。

通信方式：無線LAN、LTE

　学習者用コンピュータは、学校内では「無線 LAN」で校内ネットワークに接続して利用することが想定されています。無線 LAN の通信規格は、「IEEE 802.11a/b/g/n/ac 以上」とされています。電波干渉に強い「IEEE 802.11ac」

を利用する場合が多いでしょう。

　LTE 通信への対応も考えられています。LTE とは、携帯電話通信の規格で、3G 回線を「長期的に進化（Long Term Evolution）」させた回線 = 4G 回線、を利用した通信となります。家庭や校外学習でクラウド環境などを活用したい場合に有効な通信方法として例示されています。なお、GIGA スクール構想では、LTE を利用するための「SIM カード」や通信利用料金は含まれていないため、「調達仕様から削除しても構わない」と記載されています。文部科学省の調査によると[4] 1815 等の自治体等の中で、LTE で接続しているのは 2.8％という結果が報告されています。

　「校内 LAN 整備の標準仕様書」では、学習者用コンピュータで利用するインターネットの高速接続や大容量のデータ送受信を可能にするために必要なネットワーク構成や、各機器の要件や機能、クラウド環境の構築、クラウド環境で活用される学習ツール、充電保管庫などに関する仕様が例示されました。ICT 支援員の業務を行う際に、校内 LAN の概要を理解することはとても重要です。校舎内部のネットワーク配線の状況や、通信制御などの基本設計だけではなく、インターネット接続の方法や利用可能な通信帯域なども理解しておきましょう。校内ネットワーク図などを参照し、敷設されている LAN ケーブルの規格、LAN 配線のルート、フロアスイッチや無線 AP などネットワーク機器の設置場所、情報コンセントの位置などを把握できると良いでしょう。

　インターネット接続に関する部分は、多数のコンピュータがクラウド環境に接続するために最適な通信を確保するために、従来と異なる接続方法も推奨されました。詳しい内容については、「GIGA スクール構想の実現 標準仕様書 学校からのインターネット接続編」[5] として例示されています。この点も理解しておきましょう。主なキーワードは次のとおりです。

---

[4]　「GIGA スクール構想の実現に向けた ICT 環境整備の進捗状況について（速報値）」令和 3 年 文部科学省　https://www.mext.go.jp/content/20210315-mxt_jogai01-000009827_001.pdf

[5]　「GIGA スクール構想の実現 標準仕様書 学校からのインターネット接続編」令和 2 年 1 月　文部科学省　https://www.mext.go.jp/a_menu/other/1421443_00002.htm

必要帯域の算定

　さまざまな学習活動でインターネット接続を利用する場合に必要となる帯域について、同時に接続するコンピュータの台数から、「1 教室で必要な帯域」→「1 フロアで必要な帯域」→「1 学校で必要な帯域」という流れで算定します。

● 1 台あたりの使用帯域の目安

- 遠隔授業（テレビ会議）　2.0 Mbps
- NHK For School　0.7 Mbps
- YouTube（HD720p 画質）　2.5 Mbps
  （※使用帯域の目安は、標準仕様書を参照）

算定例：1 教室 40 台が YouTube を同時視聴する場合
　　　　　2.5 Mbps × 40=100 Mbps

同時に 5 教室が使用する場合、100Mbps × 5=500 Mbps

注意：教室のすべてのコンピュータが一斉にインターネット上の動画コンテンツ
　　　を視聴する場合、算定例のような帯域が必要となりますが、使用している
　　　回線の種別や接続方法によって、速度の遅延や接続不安が発生する場合が
　　　あります。グループ単位で視聴したり、大型提示装置に投影して 1 台だ
　　　け接続するなど、活用の工夫についても検討しておきましょう。

センター集約方式

　教育委員会や教育センターなどに、各学校のインターネット接続回線を集約して管理・運用する方式。セキュリティや端末資産の一元管理がしやすいといったメリットがありますが、センターで利用しているインターネット回線の帯域が十分でなければ、大量のコンピュータが一斉にインターネットを利用する場合に遅延や接続不安を生じるデメリットがあります。また、センター側のネットワーク機器の性能が不足する場合は、ボトルネック（瓶の口が細くなるように通信待機が狭められる状況）を発生する恐れもあります。

学校個別接続

　各学校に個別にインターネット回線を引き、学校単位でインターネット接続ができる環境で利用する方式。インターネットの接続負荷が分散され、必要な帯域を確保しやすいといったメリットがありますが、外部からのサイバー攻撃に対応するためにセキュリティ機器などを追加する必要も生じるため、コストや管理面も含めた検討が必要となります。

ローカルブレイクアウト（インターネットブレイクアウト）

　センター集約方式の回線を利用しながら、学習者用コンピュータが接続している学習系ネットワークや、クラウド環境や特定の Web サイトなどの特定の通信を、学校から直接インターネットに接続する方法。直接インターネットに接続するため、学校個別接続と同じように、外部からの攻撃に対応する機器やサービスの導入が必要となります。

外部回線の種別（ギャランティ、ベストエフォート）

- ギャランティ

  通信する帯域が保証されている回線。1Gbps 帯域保証の場合、ほぼそのとおりの帯域で通信が可能。専用の機器が必要となる場合もあり、回線利用料金も高額になる

- ベストエフォート

  理論上利用可能な上限値の帯域が提示されているが、実際は利用者が多い場合は混雑し、そのときに提供可能な帯域での接続となる。その分、回線利用料金が安価に設定されている

学習者用コンピュータの管理

　1人1台の学習者用コンピュータが整備されたということは、1つの学校で数十台～数百台、教育委員会全体では、数千台～数万台の情報端末が日々利用されることになります。OS のアップデートやアプリケーションの追加インストールなどへの対応や、故障端末の交換、紛失などへのケアも求められます。そうした負担を軽減するために、「MDM（Mobile Device Management）」を導入し、運用や管理を一元的化することが一般的です。GIGA スクール構想では、学習者用コンピュータとして選定される3つの OS を提供するメーカーが、クラウド上で利用できる MDM や MDM と連携可能な仕組みを提供しており、多くの教育委員会で利用されています。

Microsoft Intune for Education

　クラウド上で利用する学校向けの MDM サービス。学習者用コンピュータを管理し、安全な状態に保つための機能が提供されています。

> Microsoft Intune for Education
> https://www.microsoft.com/ja-jp/education/intune

　主な機能は次のとおりです。

- デスクトップデバイスやモバイルデバイスの登録、管理
- 利用者グループの作成、管理
- 児童生徒が利用するアプリの割り当て、使用制御、削除
- Wi-Fi プロファイルの管理
- ブラウザのカスタマイズ、制限

- セキュリティ（Windows Defender）機能の設定、管理
- 更新プログラムの適用に関する設定
- iPadOS のデバイス管理　など

Google Chrome Education Upgrade

Chromebook を一元的に管理し、端末の持ち帰りを実施するために必要な管理機能などが提供されています。

> Google Chrome Education Upgrade
> https://events.withgoogle.com/gfe-ict-guideline/

主な機能は、次のとおりです。

- Chromebook の設定、管理
- ログイン方法の設定、管理
- グループの作成、管理
- アプリケーションと拡張機能の自動インストール、ブロック
- セキュリティ機能の設定、管理
- アップデートの管理
- データの共有方法の制御
- Wi-Fi 設定の管理　など

Apple School Manager

Apple のデバイスを効率的に導入するための、管理者向けのポータル。導入初期の設定などを円滑に進め、他の MDM と連携を前提にして端末を管理することが想定されています。

主な機能は、次のとおりです。

- iPad の登録、設定
- 児童生徒や教員用の Managed Apple ID の自動生成
- クラスルームを利用するためのプロファイルの作成
- アプリケーションの一括購入
- 他の MDM との連携　など

学習用ツール

　学習者用コンピュータの整備に合わせて、さまざまな「学習用ツール」が活用されています。

　ポイントとして、

- 教科横断的に活用できる（特定の教科でのみ活用できるものではない）
- 学校向けの特別な仕様である必要はない（一般向けのソフトウェアで十分）
- 有償のソフトウェアでなくても良い（教育機関向けの無償ライセンスの利用や、無償で Web サイトに公開されている機能などで可）
- ハードウェアの更改に縛られない柔軟な運用ができる（クラウドコンピューティングの導入などを想定）

などが挙げられています。

　利用されるツールごとに、児童生徒が利用するデータの保存場所が異なるため、「教育情報セキュリティポリシー」に準じた選定や運用が求められています。

● 主な学習用ツール

ワープロソフト、表計算ソフト、プレゼンテーションソフト、写真・動画撮影ソフト、動画編集ソフト、地図作成ソフト、ファイル共有機能、アンケート機能、電子メール、プログラミング教材、インターネットブラウザ（学習者用コンピュータ標準仕様書より）

● 代表的な学習者用ツール

* Microsoft 365
* Google Workspace
* Apple iWork

留意点：教育機関向けのライセンスでは、一般向けと異なる機能が提供されていることがあります。また、ファイル共有機能や電子メールなどの利用について、外部ドメインとの共有を制限して運用している場合もあります。一般向けと同等のソフトウェアでも、教育機関としての機能や制限がある場合について留意が必要です。

その他のICT機器やソフトウェア

オンライン授業用のICT機器やソフトウェア（ビデオ会議サービス）

　新型コロナウイルス感染症の拡大防止による休業や、天災による休校などの場合に、自宅から学習者用コンピュータを利用した「オンライン授業」を実施することが広がりました。Webカメラで映像・音声を利用したり、画面を共有したり、チャットでやりとりをしたりすることで、遠隔地にいても多様なコミュニケーションが可能となります。必要なICT機器やソフトウェア（ビデオ会議サービス）の代表的なものは次のとおりです。

● オンライン授業向けソフトウェア（ビデオ会議サービス）

- Microsoft Teams（Microsoft 365のソフトウェアの1つとして利用されている）
- Google Meet（Google Workspaceのソフトウェアの1つとして利用されている）
- Zoom（ビデオ会議専用のサービス。無償アカウントでの利用も可能 ※時間や機能に制限あり）
- Cisco Webex（ビデオ会議専用のサービス。無償アカウントで接続可能だが、会議を主催する場合は有料アカウントが必要）

● オンライン授業用のICT機器

- Webカメラ
  コンピュータ内蔵のカメラのほか、外付けのWebカメラの利用も有効
- イヤフォンマイク、ヘッドセット
  会議の音声を拡声させたくない場合や、会話をクリアにしたい場合に有効
  周囲に音響機器がある場合、ハウリングの防止にも効果的

- Web 会議用スピーカーマイク

  スピーカーとマイクが一体となった機器。複数人が 1 つのコンピュータ
  で Web 会議に参加する場合に有効

- グリーンバック

  居室以外の背景を合成して提示する場合に使用。ビデオ会議サービス側で
  グリーンバックがなくても背景を変更できる機能が提供されていことも多
  いため、必ずしも必要でないが、より綺麗に合成したい場合には有効

- 映像／音声のスイッチャー

  複数のカメラやコンピュータなど画面ソースや、複数の話者が利用するマ
  イクなどの音声ソースを切り替えてビデオ会議を実施する場合に利用する
  機器。同様の処理ができる OBS Studio などのソフトウェアも存在する

AI 型ドリル教材

　児童生徒の解答内容から AI が理解度やつまずきの原因部分を推定して、適切
な問題を推薦して提示するなどの「個別最適学習」を提供する教材。経済産業省
「未来の教室」実証事業（「1 人 1 台」活用先進事例の「創出」）で導入され、学
習時間の短縮や学力向上などの可能性が示されたことで注目されました。導入や
活用に際して、児童生徒の個人アカウントの作成や管理が必要であることや、個
人の学習履歴を収集・利用することになるため、教育情報セキュリティポリシー
に準じた運用の体制や方法の検討が必要となります。

● 　代表的な AI 型ドリル教材

- COMPASS「Qubena」
- 凸版印刷「navima」
- すららネット「すらら」

デジタル教科書

　各学校で利用している教科書（教科用図書の通称）を発行している会社等の多くは、紙の書籍に加えて、それらの情報をデジタル化し、動画や音声などの教材などを盛り込んだ「デジタル教科書」を提供しています。その活用や導入方法などについて検討している、文部科学省の「デジタル教科書の今後の在り方等に関する検討会議」[6] によると、デジタル化のメリットとして次のことが挙げられています。

- 教科書の内容が表示されたコンピュータの画面に書き込みができ、その消去や書き直しなどの試行錯誤が容易である
- デジタル教科書に書き込んだ内容などを、ペアやグループ学習で見せ合うことで、対話的な学びを行うことができ、より相互の理解を深めることができる
- コンピュータの画面を拡大したり、ポップアップ表示したりすることで、図や写真などの細かい部分を見やすくすることができる
- 音声読み上げ機能により、読み書きが困難な児童生徒の学習を支援することができる
- アクセシビリティ機能の活用やユーザビリティの向上により、紙の教科書の活用が困難だった障害のある児童生徒が、教科書へアクセスできるようになる
- コンピュータを持ち運ぶことで、紙の教科書の持ち運びの負担が軽減され、身体の健やかな発達にも資する

　留意点として、健康面に関する影響が指摘されています。画面と目の距離を30cm 以上離した児童のほうが健康面への影響を感じにくい傾向がみられたとする報告[7] もあります。また、画面を見る時間についても、学校だけではなく家庭での学習を含めた対応が求められています。「デジタル教科書」の活用だけで

---

[6] 「デジタル教科書の今後の在り方等に関する検討会議 第一次報告」令和 3 年 6 月　文部科学省
https://www.mext.go.jp/b_menu/shingi/chousa/shotou/157/index.html
[7] 「学習者用デジタル教科書の効果・影響等に 関する実証研究」令和 2 年文部科学省　https://www.mext.go.jp/a_menu/shotou/kyoukasho/digital/1419745_00001.htm

はなく、学習者用コンピュータの活用全般に共通する部分です。児童生徒の近く
で活動する ICT 支援員としても、健康面への配慮事項について理解し対応でき
ると良いでしょう。

「デジタル教科書」の運用方法についても、理解しておく必要があります。

- スタンドアロン運用

    教科書や教材のデータを端末内部のストレージに保存し、専用のビュー
    ワーソフトをインストールして利用する方法。インターネットに接続して
    いない状況でも動作するため、場所を問わず利用ができるが、バージョン
    アップ作業が端末ごとに発生するなどのメンテナンス上の負担が発生する
    ため、その対応をいつ誰が実施するのか、といった運用体制の検討が必要

- サーバー運用

    教科書や教材のデータをサーバーに保存し、各端末はビューワーソフトや
    インターネットブラウザソフトで利用する方法。サーバーの設置場所に
    よって、利用や運用方法が異なる。学校やセンター内に設置されたサーバー
    の場合、バージョンアップなどのメンテナンスを行う必要があり、学校外
    からの接続について技術的な対応を検討する必要がある。教科書発行会社
    などが提供しているクラウド上のサーバーを利用する場合は、メンテナン
    スの負担が軽減されるが、インターネット接続が必須となるため、必要な
    帯域の確保が求められる

その他の留意点として、「デジタル教科書」の利用に際して個人のログインが
必要な場合は、AI 型ドリル教材と同様に、児童生徒の個人アカウントの作成や
管理が必要であることや、個人の学習履歴を収集・利用することも想定し、教育
情報セキュリティポリシーに準じた運用の体制や方法の検討が必要となります。

新学習指導要領の実施に合わせて改訂された教科書の多くは、デジタルコンテ
ンツを利用するための QR コードが記載されています。「デジタル教科書」の中で、
学習者用が導入されていない場合でも、これらの有効活用も期待されています。

ICT機器やシステムなどのトラブル対応

　ICT支援員として学校に配置されている場合、授業でのICT活用の支援などのほかに「トラブルへの対応」が重要な業務となります。その場で解消できることもありますが、状況によっては時間をかけて原因箇所の特定、故障箇所の修理、設定の変更、などが必要となる場合もあります。ICT支援員として求められるのは、トラブル発生時の初期対応と、原因の一次切り分けです。それ以上の部分については、保守事業者やメーカーなどが対応することになります。次のポイントを踏まえて、迅速な対応を心がけましょう。

一次切り分けのポイント

　トラブルに対応する前の段階は、次のとおりです。

- 校内LANの概要を把握している（通信制御の概要、LAN配線、各機器の設置場所、などが記載された資料の保管場所を把握している、または閲覧することができる）
- 導入されているICT機器やソフトの概要を把握している（導入事業単位での機器等の明細や、仕様、保証期間や保証内容、取扱説明書、研修資料の保管場所を理解している、または閲覧することができる）
- 保守事業者が対応する範囲について把握している（保守委託業務の仕様など関連資料の保管場所を把握している、または閲覧することができる）
- トラブルが発生した際に、ICT支援員としての対応を超える内容である場合の、エスカレーション（相談・報告）先を把握している（ICT支援員の管理者、教育委員会、など）

トラブル対応の依頼を受けた段階は、次のとおりです。

- 教員や児童生徒から、トラブルが発生した日時や状況を聞き取る（時間がない状況や、専門用語の使用が難しい状況も想定し、端的に要点を聞き取ることを心がける）
- トラブルの状況について実機を用いて確認する。通常どおりに稼働している機器などと比較し、正確な症状を確認する（どの機器のどの箇所がどのような挙動をしているのか、正常な挙動とどう違うのか、などを確かめる）

トラブル対応の段階は、次のとおりです。

- メーカーのサポートページや取扱説明書など、確かな情報を参照し、対応方法を確認する（クチコミサイトや、過去の情報などだけに頼らず、正しい情報に基づいて判断することが大切）
- 軽微な対応（ICT 機器の再起動、接続ケーブルの挿入確認や交換、大型投影装置の画面設定の変更、ソフトウェアのアップデート、など）については ICT 支援員が実行し、解消の度合いを確認する
- 機器の破損、水没など、物理的なトラブルについては、分解修理をしない。機器の保証期間や保証内容、保守契約の有無や内容などに照らして、適切に対応する
- 明らかに修理が必要な場合は、然るべき窓口へエスカレーションを行い対応する（修理の場合は、診断費用や修理費用など実費が発生する場合が多いため、独断で修理手配をせず、関係者と確認をしながら進める）
- ネットワーク機器の設定や、ユーザーアカウントの登録・変更、クラウド環境の設定など、教育情報セキュリティの観点から慎重かつ適切な対応が必要な箇所が含まれる場合は、安易に操作をしない。然るべき窓口へエスカレーションを行う

トラブル対応の後段階は、次のとおりです。

- トラブルが解消した場合は、依頼があった教員や児童生徒に報告をする
- トラブル解消に至らず、時間を要す場合は、その状況などを依頼があった教員や児童生徒に報告をする
- 対面で報告する時間が取れない場合は、メモ書きなどで伝える。業務報告書（日報）に記載したり、トラブル対応の記録簿がある場合は記載して、記録を残す

　トラブル対応の方法を誤ると、機器的、システム的、金銭的な損害を与えてしまうことも懸念されます。そのため、ICT支援員として委託、許可された範囲に限定した対応と、正確な情報による判断が重要です。また、依頼された教員や児童生徒の他に、ICT支援員業務の管理担当者に正確に症状を報告することや、学校の管理職や事務職員などの関係者と必要な情報を共有しておくことも大切です。技術に自信があっても独断で対応せず、また1人で抱え込んでしまうことで解決が遅れたりしないよう、適切に対応しましょう。

COLUMN
学校内の情報に注意！

　学校で知りえたことはうかつに口外しないように注意しましょう。

　行き帰りの通勤電車内で友達と会話したり、ICT支援員同士での雑談で、カフェや居酒屋で固有名詞を出して学校での出来事を話すのはやめましょう。どこで聞かれているかわかりませんし、情報漏洩や名誉棄損になることもあります。愚痴をこぼしたいときにSNSに書き込むのも危険です。複数のSNSを利用していると、それらを通して、あなたの身元は比較的簡単に特定できるかもしれません。誰のことをいっているのかもわかってしまう可能性があるので、ICT支援員としてSNSに学校を非難するような内容を書き込むべきではありません。

新人支援員あるある⑤ おしゃべりにご用心

　支援員は個人情報を扱うため、守秘義務がある場合もあります。校外で不用意に業務の話はしないようにしましょう。

Chapter
6

校内研修の企画を
支援する

校内研修の企画を支援する

　実は GIGA スクール構想以降、ICT 支援員に求められる支援内容に変化が見られます。新しい学びというキーワードもあって、ICT を取り入れた「授業改革」のための授業支援を最初から重点的に行うことを求められていると思いがちですが、ICT 支援員に授業改革はできません。カリキュラムマネジメントも、授業デザインも、教員の仕事であり、ICT 支援員は、教員が目の前の子どもたちのための授業をじっくりと準備するために、いかにスムーズに ICT 活用ができるように整えるかが仕事です。

　この「新しい学び」に対し、自分の授業をバージョンアップしていく中で、いかに ICT を活用するかの検討中である教員も多いです。そういった現場では、支援員がいきなり「さあ使いましょう」と勧めても、必要性がわからないものを無理に使うことになり、うまく行かないことが多いです。

　まずは新しい機器やサービスで何ができるのかを知りたい教員が多く、また、これまで使っていなかったクラウドについても、その仕組みやどんなふうに便利なのか、役に立つのかを知りたいと思う教員もたくさんいます。教員のニーズで増えているのは「教員研修」または「子どもたちへの使い方の説明」です。

　ここでは ICT 支援員ならではの研修について考えてみましょう。

機器の操作研修の例

　新しい学習者用コンピュータはこれまで使っていたものとは異なる場合もあります。

　ICT 支援員として大切なのは面白い裏技や高度なテクニックではなく、まず第一に機器を正しく、安全に使うための知識をわかりやすく伝えることです。事前に、学校と同じ機器を同じ環境で操作してみることは、より良い研修を作るために大切な条件です。

　機器の各部の名称と機能、正しい起動と終了、基本的な操作方法や設定の仕方、基本のアプリケーションの起動と終了方法が主なものになります。自己流でなく、メーカー公式の説明書も確認すると良いでしょう。

　マニュアルを作るのであれば、困ったときにどうしたらトラブルを回避できるか、電源が入らない、フリーズしてしまったなど、よくある現象を挙げて教員が1人でも対処できるよう、なるべくシンプルな方法をまとめておくと使うハードルが下がります。

　子どもたちには持ち運びや操作のときに落としたりしないよう、両手で扱ったり、充電ケーブルを優しく扱うこと、安定した平らな場所で使うことなども教えると良いでしょう。このときに教員にもあらためて同じように丁寧な操作の練習をしてもらうとより破損率は下がります。

　持ち運ぶときには大量に積み上げたりせず、2～3台を重ねてしっかり持って移動しましょう。ICT支援員が日常的に丁寧な取り扱いを見せることが、非常に重要です。

ソフトウェアやサービスの操作研修の例

　学校で利用するソフトウェアやサービスは、どれも基本操作自体はシンプルなものが多いです。公式マニュアルなどがWeb上にあれば、ぜひ一度目を通して、操作に慣れましょう。操作の手数がなるべく最小になるようにすると、見ている人に簡単そうだと思ってもらえます。操作に迷ったり何度も間違えると、難しそうだなと思われて敬遠されてしまいがちです。

　ただ、操作するボタンやアイコンを位置で覚えたり、手順を丸ごと暗記するようなやり方は、アップデートで見た目が変わってしまうと、わからなくなってしまうので注意が必要です。

　ICT支援員が操作を見せるだけの研修よりも、共通するアイコンの形などを知り、新規作成や挿入、共有、保存など、よく使うアイコンを教員自身が見つけて、操作してみるという体験の時間をたっぷりとると良いでしょう。それぞれの機能が組み合わさるとどんなことができるのか、よくある活用方法はWebサイトにたくさん掲載されています。

何がヒントになるかは人それぞれですが、なるべくシンプルな活用をいくつも見ておくと自分でも使いやすくなります。

　教員が操作をおおむね体験したあとに、授業や学校生活で役に立ちそうな使い方をご紹介すると教員により関心を持ってもらえるでしょう。教員同士で使うシーンを話し合ってもらうのも良いでしょう。

　よくあるトラブルはあらかじめ確認しておき、授業中のトラブルを教員自身で解消できるようにすると活用しやすくなります。

プログラミングの研修の例

　プログラミングの研修は、今使っている教科書に載っているプログラミングの例やプログラミングを利用した単元を参考にすると良いでしょう。プログラミングの経験がない ICT 支援員がプログラミング研修を行うのは難しいので、教員向けの無料セミナーなどに参加して体験してみるのも良いでしょう。すでに自治体で導入されているものがある場合は、実際に触ってみたり、教員の研修に参加させてもらうと良いでしょう。プログラミングに慣れている教員の授業があればぜひ見学させてもらったり、子どものサポートをさせてもらえれば勉強になるでしょう。提案を依頼されたなら、自分が紹介したいものをやるのも良いですが、学校はいつでも機材を買ったりすることができるわけではありませんので、そこで準備されたものや、教員の希望を最優先に、知らないものでも積極的に学びましょう。

研修の準備の段取り

　教員研修会のニーズは高まっていますが、逆に忙しい中で研修会の時間を確保することは教員の負担にもなりがちです。

　大切なのは事前準備です。教員の研修の希望日、開始時間、終了時間を確認し、希望される内容をヒアリングしましょう。目的を確認し、タブレットやネットワークが必要な研修は、ネットワークの状態が良い場所で実施するよう確認しましょう。プロジェクターや、モニターなどを利用する場合は、利用するタブレットや

パソコンで提示できるか、事前に接続してみましょう。必要なケーブルやアダプタ類も準備しておきましょう。場所の確保や機材の動作確認は前日までにしておきましょう。

時間内に内容を詰め込みすぎないことを心がけ、時間に余裕を持った研修を組み立てましょう。欲張ってあれもこれもと盛り込んでも、受講者は大切なことを理解できないことがあります。

また、常に教員の勤務時間を意識し、延長にならないように短めに計画しましょう。テキストはなるべくシンプルにまとめて、ページ数が多くなりすぎないように見やすく作りましょう。

時間内で研修を収めるスキルを身につけるには、シナリオを大まかに作ってみて、時間を計りながら声を出してみましょう。慣れてくると時間配分の感覚が養われます。

研修当日の注意事項

可能であれば当日のトラブルに備えて、スタート時間の30分〜1時間前には会場準備を始めます。配布する資料や教材は席に置いておくなど、研修の時間を無駄に消費しないように準備しましょう。

話し方は、人数が多い場合、みんなが言葉を拾えるように重要な単語はゆっくりと、専門用語は少なめになるように言い換えて表現しましょう。

ただし、正式名称があるものはそれを使いましょう。ソフトウェアやサービスの機能やボタンなども正しい名称を確認しておき、なるべくその名称で呼ぶようにすると、あとで教員や子どもたちがわからないことを検索したいときに見つかりやすくなります。

研修の最後には5分程度の質問タイムを設けましょう。長い時間の研修の場合は合間に10分程休憩を設定しましょう。質疑応答は即答できなくても大丈夫です。必ずメモをとって、できるだけ調べてあとでも回答をするようにしましょう。慣れてきたら、アンケートフォームなどを利用してみるのも良いでしょう。

研修が終了したら、会場や機材を元通りに片付け、最初よりもきれいな状態を意識してお返ししましょう。

COLUMN
職員作業や職員の慰労会

　ICT支援員として担当校を持ち、頻繁に学校を訪問するようになると、だんだんと学校の職員の1人のような感じになってくることがあります。学校の雰囲気にもよりますが、教員のさまざまな活動に参加のお誘いをいただいたことがある方も多いでしょう。

　そういったものに参加するかどうかは、上司や派遣元に確認を取ってから決定しましょう。

　例えば職員作業で清掃・消毒・草刈りなどはどうでしょう。高所作業や支援業務を後回しにしないとできないこと、勤務時間外になることは上司や委員会にお願いしてお断りさせていただきましょう。

　職員の慰労会や学校外でのイベント参加についても、時間外の活動であるため、辞退しましょう。

　ICT支援員のために慰労会を開いてくださるような場合は、上司に報告をして許可を得るなど、独断で決めてしまわないようにしましょう。お酒の席では教員も楽しい気分でおしゃべりが盛り上がります。しかし、楽しくても羽目をはずしすぎないこと、お酒の席でないとできないコミュニケーションは業務に必要ではありません。また、お礼にと自分がお土産を持っていったりすると迷惑になる可能性もありますので、金品のやり取りはしないように気を付けましょう。

Chapter
7

ICT支援員の
スキルアップ

ICT の基礎基本

ICT 支援員には ICT の知識だけでなく、学校という場所の文化、授業がどのように行われているか、守るべき法律など幅広い知識が必要です。これらの知識は ICT 支援員の日常業務をスムーズに進めるためにも欠かせません。常に最新の情報にアンテナを伸ばして、知識・技能のアップデートをしようとする姿勢も大切です。知らない言葉が出てきたらすぐに検索する習慣をつけておきましょう。

情報のデジタル化

パソコンやタブレット・スマートフォンなどのコンピュータは、文字・画像・映像・音などをデジタル化した「データ」にして保存しています。それらのデータを表示・編集したり、自動的に処理する手順が書かれたりしたものを「プログラム」といいます。

現在の学校では 1 人 1 台のコンピュータを使って、デジタル化したデータやプログラムを教室内はもちろん、全世界とやり取りができるようになりました。学習においても、より多くの情報に触れることができたり表現の幅が広がったり、授業の様子も大きく変わってきています。このようなデータのデジタル化の方法は情報の種類によって異なり、それぞれに注意点があります。扱うデータの成り立ちや特徴を理解して ICT 支援に活かしていきましょう。

文字のデジタル化

文書やプレゼンテーション作成などで扱うアルファベット・ひらがな・漢字・数字などの文字（テキスト）は、a は 61、b は 62 などのように、コンピュータの内部では番号で処理されており、それぞれの文字に「文字コード」という数値を割り当てています。

　この文字コードには複数の規格があり、代表的な文字コードには Shift-JIS、EUC、Unicode などがありますが、OS やアプリケーションソフトにより使用する文字コードが異なることがあり、他のコンピュータにデータを送ったときにうまく文字が表示されない「文字化け」と呼ばれる現象になることがあります。

　学校では児童生徒の氏名などで文字コードに割り当てがない文字、いわゆる「外字」がある場合に、専用のソフトウェアで作った「文字の形」に対して任意の番号（コード）を割り当てて登録しますが、この外字のデータを使用するすべてのコンピュータに、同じ外字とコードのデータを登録しておく必要があります（校務支援システムで外字を登録し、利用者間で共有する機能が提供されている場合もあります）。

画像のデジタル化

　タブレット等で撮影した写真などの静止画や動画もコンピュータで扱えるようデジタル化されています。静止画は画像を細かく網の目のように分解して、画素（ピクセル）の集まりとして点描画のように表現しており「ビットマップ画像」「ラスター画像」と呼ばれています。カメラの撮影データやコンピュータの画面の解像度を「1280 × 800 ピクセル」というのはこの画素の数を表しており一般に画素数が多いほど高精細な画像になります。しかし点（画素）で表現しているため拡大縮小すると画像が粗くなります。

　またラスター画像にはいくつかのファイル形式があり圧縮方式等に違いがあります。代表的なものは BMP（無圧縮：ファイルサイズが大きくなる）JPG（不可逆圧縮：写真などに適し圧縮率が高い）PNG（可逆圧縮：イラストや画面キャプチャーなどに適する）などがあります。

　一方で主に直線や曲線などの数式などの情報で記述された画像を「ベクター画像」といい、イラストや文字などに適した画像形式で拡大縮小しても画像が劣化しない特徴があります。学校でよく使用される大判印刷（ポスタープリンタ）などで横断幕やポスターなどを作成するときに利用すると便利です。

　動画は静止画をパラパラ漫画のように連続表示して表現します。動画はデータの量が大きくなるため、人が動いているところなど、前のフレームと変化がある

ところの情報だけを記録し、背景などフレームの間で変化がない部分は共用してデータを圧縮している動画形式もあります。動画のファイル拡張子には MP4、WMV、MOV などがありますが、同じ拡張子でも圧縮の方式（コーデック）が異なる場合は再生ができない場合があります。再生のためには対応するコーデックのインストールが必要になることがあるので、授業や行事で動画を再生する場合は事前に提示するコンピュータで再生テストをしておくことなどの支援が大切です。

音声のデジタル化

　音声のデジタル化は、連続している音を一定の短い時間の間隔で切り取り（標本化）、その一瞬の音の大きさを数値で表現（量子化）します。つまりデジタル化した音声は時間に沿った数値の列になります。

　音声のファイル形式は圧縮の方式によって MP3、WAVE、AIFF などがあります。

コンピュータネットワークの仕組み

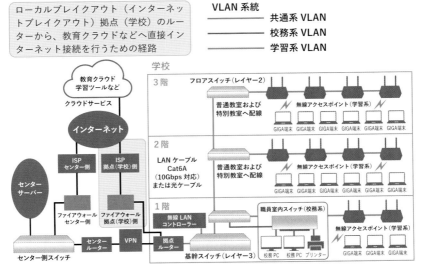

ローカルブレイクアウト（インターネットブレイクアウト）拠点（学校）のルーターから、教育クラウドなどへ直接インターネット接続を行うための経路

VLAN 系統
—— 共通系 VLAN
—— 校務系 VLAN
—— 学習系 VLAN

※ネットワーク機器の構成や接続などは、自治体や学校によって異なります。
　ICT 支援員として配置先の校内ネットワークの概要を理解することで、ネットワーク関連のトラブルを解決しやすくなります。

図 7-1 ● 校内ネットワーク概念図（例）

コンピュータネットワーク

　現在のコンピュータは特殊な用途を除き、ネットワークで接続し相互に情報を共有するのが前提となりました。さまざまなメーカーや OS のコンピュータや ICT 機器などが接続できるのは共通の約束事である「通信プロトコル」（TCP/IP）を使って接続されているためです。ネットワークの種類には、LAN ケーブルで結ばれた有線 LAN や、無線接続の無線 LAN があります。GIGA スクール構想で整備された学習者用コンピュータは、無線 LAN 接続が前提になっています。

校内LANの種類

　学校で運用されている校内 LAN は、個人情報などのセキュリティ対応のため、校務系と学習系のネットワークに分けられています。

- **校務系ネットワーク**
  主に教職員室のコンピュータが接続されており、個人情報など校務に関わる情報を扱うので、直接インターネット等に外部接続されていない学校もあります。また成績を扱うために完全に校内 LAN から切り離された教務パソコンがある場合もあります。

- **学習系ネットワーク**
  教室やパソコン教室で児童生徒も扱うネットワークです。GIGA スクール構想により校舎内のどこにいても校内 LAN に接続できるように、無線 LAN の整備が加速しました。

　校務系ネットワークと、学習系ネットワークは、利用している情報の機密性が異なるため、相互の通信を制限していることが一般的です。接続している無線 LAN や情報コンセントが、どちらのネットワークに属しているかによって、接続可能な情報も異なります。また、セキュリティの観点から校内 LAN には外部のコンピュータを持ち込み接続することは禁止されている場合がほとんどです。ICT 支援員として業務用のコンピュータを持参する場合は、校内 LAN に接続できないため、インターネットを利用するためには、モバイルルーターやスマートフォンなど、校内 LAN とは別の通信環境の準備が必要になります。

校内LANのしくみ

　校内 LAN でコンピュータ同士が情報を伝える仕組みは、有線 LAN も無線 LAN（一般に Wi-Fi とも呼ばれます）も基本的に同じプロトコルである「TCP/IP」方式を使っています。

IPアドレス

　TCP/IP では、それぞれのコンピュータを識別する IP アドレスを割り当てて通信を行っています。例えば世界中に公開する Web サーバー等には世界中で重複がないように「グローバル IP アドレス」が割り当てられます。一方で校内 LAN に接続されているコンピュータは一般に外部からは直接アクセスできない「プライベートネットワーク」と呼ばれ、各コンピュータにはそのネットワーク内でだけ重複しない「プライベート IP アドレス」が割り当てられます。

　校内のコンピュータに IP アドレスを割り当てるには、それぞれのコンピュータに主に手作業で割り当てる「静的割り当て」、「DHCP サーバー」と呼ばれるサーバーが自動的に IP アドレスを割り当てていく「動的割り当て」等があり、組織の設計および運営ポリシーによりどちらかが選ばれています。

　ネットワークにつながらないトラブルの 1 つに、IP アドレスがコンピュータに正しく割り当てられていない、ということがあります。それぞれの OS による「IP アドレスを確認する方法」を調べてみてください。

ルーター（Router）

　ルーターは、教育委員会のネットワークや ISP（インターネット接続サービスプロバイダ）と校内 LAN を接続し、通信経路を決定する機器です。通常の ICT 支援活動で設定や操作をすることはあまりないと思われますが、ネットワークトラブルの際には、電源が入っているか、通信ポートの LED ランプが点滅しているか、などの情報を技術者に伝えると問題の切り分けの一助になります。

スイッチングハブ（L2スイッチ）

　有線接続の場合は「HUB（ハブ）」を使って各コンピュータと LAN ケーブルで接続しネットワークを形成していきます（ハブを「L2 スイッチ」と呼ぶこともあります）。

　ネットワークにつながらないというトラブルでは、まずケーブルが緩んでいたり抜けていないか確認しましょう。また、誤って 1 本の LAN ケーブルの両端を同じハブに接続するのは「ループ」と呼ばれ、同じ通信データが送り続けられて

ネットワークがダウンするので、席の移動でケーブルを差し替えるときなどは注意が必要です。

ネットワークトポロジー（構成）

前述のとおり、校内 LAN で校務系・学習系のそれぞれのネットワークを切り分け、ルーターで上位のネットワーク（インターネット）への接続を行っています。

校務系・教育系ネットワークを分けるため、それぞれのネットワーク（校務系・学習系）の IP アドレスを分ける役割をする L3 スイッチや、VLAN（Virtual Local Area Network）に対応した L2 スイッチで、互いにデータが到達しないようなアクセス制限をしています。1 つのスイッチの LAN ケーブルを接続するポートによって、校務系・学習系を分けている場合もあるので、ネットワークトラブルの場合も基幹となるハブの LAN ケーブルには不用意に触れないようにし、教育委員会担当者や技術者に相談することが大切です。

LAN ケーブル（イーサーネットケーブル）

LAN ケーブルにはさまざまな規格（カテゴリー）がありカテゴリーによって最大伝送速度が変わってきます。例えばコンピュータとハブとの間で使われることが多い CAT5e という規格は、1Gbps の最大伝送速度です。また、幹線となるルーターから HUB までの経路には CAT6a という 10Gbps の規格が使われることが増えてきました。

いずれのケーブルも内部にはより合わされた細いケーブルが入っており、机の脚と床に挟まれたり、過度に曲げられたりすると通信速度が落ちたり通信ができなかったりすることがあるので注意が必要です。

無線 LAN

教室で使われるコンピュータは無線 LAN により接続されることが多くなっています。各教室や廊下には校内 LAN に接続された AP（アクセスポイント）が設置されていて、SSID とパスワードによって接続できる端末もしくはユーザーを

認証しています。コンピュータがうまく接続できない場合は、SSID やパスワードが正しいか、アクセスポイントからの電波の強さがどのくらいかをまず確認し、ネットワーク管理をしている担当者と相談することが大切です。

　無線 LAN の代名詞として使われる Wi-Fi は、実は IEEE802.11 という無線LAN の規格の登録商標ですが、Wi-Fi の規格は常に進化していて、近年では次の表のような規格が使われています。

表 7-1 ● Wi-Fi の主な規格

主な規格	最大通信速度	周波数帯
802.11ax（Wi-Fi 6）	9.6Gbps	2.4GHz/5GHz 帯
802.11ac（Wi-Fi 5）	6.9Gbps	5GHz 帯
802.11n（Wi-Fi 4）	300Mbps	2.4GHz 帯 /5GHz 帯

NAS（Network Attached Storage）

　NAS（ナス）は校内ネットワークの中などに設置されるファイルサーバーの一種で、校務系・教育系それぞれのネットワークに設置して、ファイルを保存したり、共有するための機器です。

COLUMN
ICT 支援員のスキルアップ

　学校行事や、先生方のご都合で、待機時間や在宅勤務があるなら、チャンスと思って、学校の機器やソフトウェアの動作確認をしたり、学校教育と ICT 活用について調べたり、他校の活用方法を参考に、どんな活用をしているか再現してみるなど手を動かしてみましょう。

　特に自学にお勧めなのは Office ソフトウェアです。あなたは本当に Office ソフトウェアの基本操作が習得できていますか？　Microsoft Office なら MOS（マイクロソフト オフィス スペシャリスト）の問題にチャレンジしてみるのがお勧めです。Office ソフトウェアを自由自在に使える ICT 支援員は、総じて先生からの質問や支援依頼が増えていきます。

　またコンピュータやネットワークの基本を知るなら IT パスポートを学んでみてはいかがでしょうか？　トラブルの際、原因の切り分けにはコンピュータの基礎知識が大変役に立ちます。新しいものを追いかけるのも良いですが、すでに学校で活用されている機器やソフトウェアについての効果的な支援こそが、先生の負担を軽減することにつながるのかもしれません。

インターネット

　インターネットは各学校や企業のネットワークなどが相互接続して世界中のコンピュータ同士が通信を行うことができるもので、もはや情報社会の基盤となっています。2019 年から 2020 年にかけて配備が始まった GIGA スクール構想により小中学校ではインターネットを活用した 1 人 1 台のコンピュータ活用が始まっています。

インターネットの仕組み

　前項でも触れたとおり、インターネットはさまざまなコンピュータが接続できるように共通の通信プロトコルである TCP/IP を使い、基本的な動きは校内ネットワークと同じであるといえます。ここではインターネット（外部ネットワーク）と校内ネットワークと連携する働きなどについて ICT 支援員として把握しておくべき内容を整理していきましょう。

サーバー

　インターネットや校内 LAN には Web やメールなど各種のサーバーがあり、クライアント（パソコンやタブレットなど）の要望に応じてサービスを提供しています。

　校内 LAN のサーバーは、従来は学校内や教育委員会に設置されることが多かったのですが、近年は外部にサービスを委託するクラウドコンピューティングまたはクラウドサービスに移行することが増えてきました。

ドメイン名とIPアドレス

　インターネットに接続するコンピュータには IP アドレスが割り当てられています。IP アドレスは、「203.0.113.0」のように「0〜255」までの 256 通りの

数字を .（ピリオド）で区切った形式で相手を特定します。しかし例えばウェブページを閲覧するときに、数字が羅列された IP アドレスを入力するのでは、人はなかなか覚えられません。

　そこで一般に「ドメイン名」とスキーム名（http:// などの通信方法）を含めた「URL」が使用されています。ドメイン名は世界で重複しないように、ICANN などの組織が管理をしています。

　例えば www.mext.go.jp は

- jp：トップレベルドメイン。国別コードを示し jp は日本
- go：セカンドレベルドメイン。登録者の属性を示し go は政府機関
- mext：サードレベルドメイン・組織名を示し、mext は文部科学省
- www：ホスト名。world wide web から慣習的にウェブサーバーのホスト名としてしばしば使用される

このように意味を持つ文字列で人が覚えやすくしています。

　命名法を理解しておくことで、ドメインの種別などからおおよそどのような種別のサイトなのかが推測できます。なお、高等学校までの教育機関では、「ed.jp」という専用のドメインを利用することができます。ちなみに、大学の場合は、「ac.jp」が割り当てられています。

DNS（domain name service）

　実際の通信では、コンピュータはドメイン名ではなく IP アドレスで処理をしているので、IP アドレスとドメイン名をお互いに変換するシステムが必要になります。これが DNS で、ドメイン名から IP アドレスに変換する「正引き」、IP アドレスからドメイン名に変換する「逆引き」などが行えます。

ファイアウォールとフィルタリング

　インターネット側のネットワークと校内ネットワークとの間はルータで接続されていますが、外部からの悪意を持った攻撃などを防ぐとともに、内部から外部に意図しない通信を行わないようにフィルタリングを行う「ファイアウォール」

が設置されます。

コンテンツフィルタリング

　児童生徒が利用するうえで不適切なインターネット上の情報へのアクセス制限を行うコンテンツフィルタリングを多くの学校が導入しています。あらかじめブロックする URL やキーワードを登録する「ブラックリスト」方式や、閲覧可能なページだけ登録しておく「ホワイトリスト」方法などがあります。本来閲覧させたいページがブロックされてしまうなどの事例もあるのでリストのメンテナンスが必要なこともあります。

インターネットとの接続方式

　学校の校内ネットワークとインターネットを接続する方法はいくつかの種類があり、組織や自治体によって違いますが、おおよそ、「センター方式」「ローカルブレイクアウト方式」「LTE 方式」に分かれます。
　「Chapter 5　ICT 環境を整える」の p.92〜95 をご参照ください。

アカウントの管理

　小中学校の GIGA スクール構想では、Chrome OS、iPad OS、Windows のいずれかの OS のコンピュータが導入され、クラウドサービスの利用が推奨されています。また基本的に児童生徒 1 人ずつにクラウドサービスのログインアカウント（ID）とパスワードを配布し、自分の ID とパスワードを覚え自分で管理をするという、ネットワーク社会での基盤となるリテラシーを養います。そして、自分のアカウントで共有ドライブを利用したり、LMS（Learning Management System）と呼ばれる、教材の配布、意見の共有、課題の提出などの活動ができるサービスが利用できるようになっている学校もあります。
　1 つのログインアカウントですべてのアプリにログインできる「SSO（Single Sign On）」が実現できていない場合、アプリケーションごとに別のアカウントが必要になる場合があり、それぞれのパスワードの管理が必要になります。

また、年度末には「年度更新」として、学年設定の変更やクラス設定の変更、入学生の新規登録、卒業生のアカウント処理、教員の異動にともなうアカウント設定など重要なアカウント管理業務があります。これらの個人情報を扱う可能性の高いアカウントの設定作業を ICT 支援員が担当するかどうかは、契約に従って業務の範囲を決めておく必要があります。

COLUMN
支援員の報告書の書き方

　報告書にはいくつかの種類があります。勤務した学校に対して、その日の作業内容を伝える報告書には、何時間目に、どのクラス（どの教員）の支援をしたか、授業支援の場合は教科と、単元名、そして支援内容等を簡潔に書きましょう。

　何か成果物を作成した場合は、データをどこに保存したかなどもわかるようにしておきましょう。障害などの対応をした場合は、どの部屋のどの機器のことか、自分のいないときにも読めばわかるように書くことを意識しましょう。

　提出する報告書が複数ある場合は、それぞれに目的があります。提出する相手に必要な情報を正確に記入しましょう。報告書は所感を書くような指示がない場合、感想ではなく事実を書きます。報告書の提出は契約に入っていることがほとんどです。これを怠ると、せっかく良い支援をしても伝わらないことになります。仕事をするうえでの義務でもあります。

授業支援のための知識

学習指導要領

　学習指導要領とは、全国のどの学校でも一定の水準以上の教育を受けられるように、教育課程の基準を示したものです。学習指導要領はおよそ 10 年ごとに大きな改訂が行われています。直近では平成 29 年に小中学校の改訂（令和 2 年、3 年実施）、平成 30 年に高等学校の改訂（令和 4 年実施）がありました。改訂された後、2 ～ 3 年間の移行期間を経て全面実施されます。授業で使用する教科書は、学習指導要領をもとに編纂され、文部科学省の検定に合格したものの中から、地域の教育方針や実情に応じたものが採択されています。

　学習指導要領は文部科学省のウェブサイトで公開されています。学校の教育活動全般に求められる内容が示された「総則」と、各教科等の学習内容の概要を示した「本文」および、学習指導要領本文に対する説明などを記した「解説」も別途示されています。ICT 支援員の業務に有効な内容も多いため、目を通しておくと良いでしょう。

教科書

　教科書は学習指導要領の改訂より短い周期で、およそ 3 ～ 4 年で内容が変わります。教科書は各教科とも専門の出版社数社から発行され、教科ごとにどの出版社を採択するか、各教育委員会が検討して決定します。転校すると教科書が変わることがあります。

　教科書出版社のウェブサイトを検索すると内容を知ることができますので、見ておくと良いでしょう。出版社によって扱う素材や学習する時期が異なる場合もあります。

授業時数や指導計画

授業時数

　小中学校の教科ごとに、年間に授業を行う標準の時数（コマ数）が法律（学校教育法施行規則）で定められています。教科書会社が発行している指導案や指導書には、この標準時数を満たすように、単元ごとに標準の時数が書かれていて、教員はこれを参考にして授業計画をたてます。

小学校の例

表 7-2 ● 学校教育法施行規則　別表第一（第五十一条関係）

区分		第一学年	第二学年	第三学年	第四学年	第五学年	第六学年
各教科の授業時数	国語	306	315	245	245	175	175
	社会			70	90	100	105
	算数	136	175	175	175	175	175
	理科			90	105	105	105
	生活	102	105				
	（以下略）						

中学校の例

表 7-3 ● 学校教育法施行規則　別表第二（第七十三条関係）

区分		第一学年	第二学年	第三学年
各教科の授業時数	国語	140	140	105
	社会	105	105	140
	数学	140	105	140
	理科	105	140	140
	（以下略）			

年間指導計画

　学校では、その年度の3月までに翌年度の年間指導計画を作成します。教科書の指導書を参考にしながら、行事などの時数も考慮しながら、年間の授業時数に過不足ないように、毎月の各教科の学習内容を決めて行きます。主に教務主任が作成しますが、作業量が多いため、これを支援するソフトウェアもあります。

表 7-4 ● 年間指導計画の例（小学校第 5 学年の計画および時数）

教科＼月	4	5	6	7	8	9	10	11	12	1	2	3	時数計	標準時数	過不足
国語	15	16	17	16	0	16	18	18	16	15	14	14	175	175	0
社会	8	10	10	9	0	12	12	10	8	9	7	5	100	100	0
算数	15	16	18	17	0	16	17	17	16	16	13	14	175	175	0
理科	8	10	9	9	0	12	12	12	9	9	9	6	105	105	0
生活															0
音楽	4	4	6	5	0	4	5	6	5	5	4	2	50	50	0
図画工作	4	4	6	5	0	4	5	6	5	5	4	2	50	50	0
家庭	4	6	6	6	0	6	6	6	6	6	4	4	60	60	0
体育	8	10	10	8	0	10	10	8	6	6	6	6	90	90	0
道徳	2	3	4	4	0	4	4	3	3	4	2	2	35	35	0
外国語	2	3	4	4	0	4	4	3	3	4	2	2	35	35	0
総合	4	8	8	8	0	6	8	6	6	6	6	4	70	70	0
特活	2	2	4	4	0	4	3	3	3	2	4	4	35	35	0
月別時数	76	92	102	95	0	98	102	100	88	87	75	65	980	980	

週間指導計画

　担任の教員は年間指導計画に基づいて、毎週、毎時間の指導計画を作ります。これを週間指導計画または週案と呼び、週末までに翌週の計画をたてます。翌週に ICT 支援が必要になる場合は教員と打ち合わせて準備しておきます。

表 7-5 ● 週間指導計画の例

	11月1日 （月）	11月2日 （火）	11月3日 （水）	11月4日 （木）	11月5日 （金）
朝会	10 分読書	100 ます計算	10 分読書	100 ます計算	10 分読書
1 時間目	国語 大造じいさんとガン	図工 あったらいいな	算数 正多角形	外国語 What would you like?	算数 プログラミング
2 時間目	算数 正多角形	国語 大造じいさんとガン	理科 もののとけ方	国語 大造じいさんとガン	体育 テスト
3 時間目	理科 もののとけ方	社会 自動車工業	外国語 What would you like?	理科 実験	国語 漢字テスト
4 時間目	家庭 調理実習	道徳 心の通い合い	国語 大造じいさんとガン	算数 正多角形	社会 テスト
5 時間目	体育 走り幅跳び	算数 正多角形	体育 走り幅跳び	社会 自動車工業	総合
6 時間目	音楽 スキーの歌	学活	特活	保健 けがの手当て	総合

学校の1日

　1時間（コマ）は基本45分ですが、2コマ同じ教科が続く場合や、1コマの半分が身体測定などの行事に使われる場合もあります。授業の間には5〜10分の休憩が入り、2時間目と3時間目の間には15〜20分程度の中休み（業間休みという地域もある）が入ります。

表7-6 ● 小学校の例（自治体により多少異なります）

時刻	授業
8:30 〜 8:45	朝会
8:45 〜 9:30	1時間目
9:35 〜 10:20	2時間目
10:20 〜 10:40	中休み
10:40 〜 11:25	3時間目
11:30 〜 12:15	4時間目
12:15 〜 13:00	給食
13:00 〜 13:40	昼休みと清掃
13:40 〜 14:25	5時間目
14:30 〜 15:15	6時間目
15:20 〜 15:30	帰りの会

　小学校の場合、給食の時間は教員も給食指導のため教室で児童と一緒に食べます。清掃の指導もあり、職員室に戻って休憩できるのはごくわずかな時間になります。

　中学校もほぼ同じ構成ですが、1コマが50分になり、休み時間は10分程度取るところが多いようです。

　児童生徒が下校してから16時30分ぐらいまでに、職員会議、校内研修が行われます。この時間にICT支援員が機器やソフトウェアの操作研修を行うこともあります。

教員の勤務時間は 8 時間 45 分（1 時間の休憩含む）なので、始業が 8 時 10 分とすれば、16 時 55 分に勤務終了となりますが、ここから教材作成などの仕事が始まることもあるようです。

学校の1年間

　公立学校は 4 月から翌年 3 月までのいわゆる年度を 1 年間として計画を作ります。自治体により 3 学期制と 2 学期制の地域があります。3 学期制は 1 年間を 3 つの期間に区切り、学期間に夏休み、冬休みが入ります。2 学期制は 4 月〜9 月の上旬を前期、それ以降を後期とします。前期と後期の間に 1 週間程度の秋休みが入る場合があります。

　学期末には学期の間に行ったテストや提出物、出欠の情報をまとめて通知表を作成し保護者に報告します。また年度末には通知表に加えて「指導要録」の記入が必要になります。通知表は作成の義務はありませんが、指導要録は法律で義務付けられた公文書で、児童の個人情報や 6 年間の成績（評定）、所見を記録している指導に関するものと、氏名や住所などを記録している学籍に関するものの 2 つに分かれています。成績に関するものは、卒業から 5 年間、学籍に関するものは、卒業から 20 年保管されます。最近は紙から校務支援システムへの入力に変わってきています。

表 7-7 ● 主な行事、業務の例

月	主な行事、業務の例（3学期制）	ICT支援の可能性がある行事等
4	入学式、始業式、教材等の選定 クラス編成、身体測定	名簿作成、進級処理、アカウント配布
5	健康診断、運動会	運動会の放送、録画
6	水泳初め	
7	移動教室、終業式	成績集計・通知表印刷などの支援
8	夏休み（教員は閉庁日以外出勤）	夏季研修
9	始業式、社会科見学	
10	学習発表会	学習発表会の放送、録画
11	修学旅行	
12	終業式、冬休み	成績集計・通知表印刷などの支援
1	始業式	
2	校外学習	
3	修了式、卒業式 翌年度の年間指導計画	成績集計・通知表印刷・指導要録印刷 などの支援

情報セキュリティと情報モラル

学校の情報セキュリティ

　学校の情報セキュリティとは、学校の「情報資産」（学校が保有するデータと、データを保存するコンピュータなど）を、漏洩、流出、改ざん、消失などから守ること等をいいます。

　情報セキュリティを維持するために、基本方針や、対策基準、実施手順をまとめたものが「情報セキュリティポリシー」と呼ばれるもので、自治体ごとに定められています。これを基に学校現場での運用を想定して教育委員会で策定されたものを「教育情報セキュリティポリシー」といいます。文部科学省では、GIGAスクール構想で整備されたクラウド環境や、学習者用コンピュータなどを安全に活用するために必要な内容を取りまとめた「教育情報セキュリティポリシーガイドライン」[※1]を公表しています。教育委員会では、自治体の情報セキュリティポリシーや文部科学省のガイドラインを踏まえた形で、教育情報セキュリティポリシーを必要に応じて改定し、情報セキュリティ体制を構築したうえで、利用者や委託先の外部事業者などへの周知や啓発を行うことが求められています。ICT支援員など学校の情報機器や情報資産を取り扱う外部人材も、教育情報セキュリティポリシーを遵守しなければなりません。

※1　「教育情報セキュリティポリシーガイドライン」令和3年5月 文部科学省　https://www.mext.go.jp/a_menu/shotou/zyouhou/detail/1397369.htm

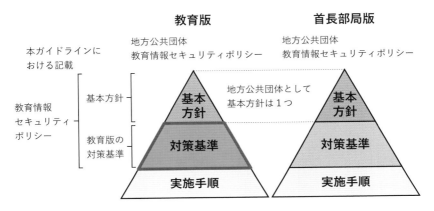

図 7-2 ● 教育情報セキュリティポリシーに関するガイドラインの構成

　地方公共団体における「教育情報セキュリティの基本的な考え方」は次のとおりです。

① 組織体制を確立すること
  ・ 情報セキュリティの責任体制の明確化
  ・ 首長部局の情報政策担当部局との連携
② 児童生徒による重要性の高い情報へのアクセスリスクへの対応を行うこと
  ・ 情報の重要性の度合いごとに、取扱ルールを決定
③ 標的型および不特定多数を対象とした攻撃等のリスクへの対応を行うこと
  ・ 学校ホームページや教職員によるメールの活用、さらには、学習活動におけるインターネットの活用等が行われていることから標的型および不特定多数を対象とした攻撃等による脅威に対する対策を講ずること
④ 教育現場の実態を踏まえた情報セキュリティ対策を確立させること
  ・ 教員が個人情報を外部に持ち出す際のルールの明確化
  ・ 情報システムを教員が扱う際の、遵守すべきルールの整理
⑤ 教職員の情報セキュリティに関する意識の醸成を図ること
  ・ 研修等の実施

⑥　教職員の業務負担軽減および ICT を活用した多様な学習の実現を図る
　　こと

　• 教育委員会が情報セキュリティの確保を主導することによる教員の業務
　　負担の軽減

　• 児童生徒の利用を前提とした、ICT を活用した学習活動への配慮

　　　　　　　　　　　※「教育情報セキュリティポリシーガイドライン」より

　情報セキュリティインシデント（事件・事故）の要因は、「利用者や委託先の
外部事業者などを含む関係者の人的なミス」であることも少なくありません。情
報資産が保存された機器の紛失・置き忘れ、誤操作、不正アクセスなどが、要因
の多くを占めるという報告もあります。ICT 支援員として、自分自身が情報セ
キュリティインシデントを発生させないのはもちろんのこと、教職員や児童生
徒などの利用者が常に教育情報セキュリティを意識しながら ICT 機器やソフト
ウェアなどを利用するための支援についても心がけておきましょう。また、「お
かしいな？」と思ったら、すぐに相談、報告するという風通しの良さは、とても
大切です。情報セキュリティ上問題だと思われる状況に遭遇したり、そうした話
を聞いたりした場合は、速やかに業務管理担当者などに報告しましょう。

教育情報セキュリティに関する主な内容

情報セキュリティの三大要件

　組織における情報セキュリティとは、組織が保有している情報資産を「機密性」「完全性」「可用性」に関する脅威から保護することを指し、情報セキュリティの原則を示す「三大要件」とされています。

機密性（Confidentiality）

　正当な権利・権限を持つものだけが利用できる状態を維持すること。個人認証、アクセス権の管理、暗号化、立ち入り制限、などが実施されます。例えば次のような場合です。

- 与えられたIDやパスワードを失念しない、人に教えない。使いまわさない
- 校務支援システムに接続可能なコンピュータを、権限を持たない相手に貸さない、共有しない
- 情報の持ち出しについては規定の手続きを行う（印刷物も同様）

完全性（Integrity）

　正当な権利・権限を持たない者による変更ができない状態（情報が正確で完全な状態）を維持すること。改ざんの防止、利用者情報の管理、利用履歴（操作ログ）の保存や管理、などが実施されます。例えば次のような場合です。

- 正当な手続きや権限がない状況で、ユーザーを追加したり、アクセス権を変更したりしない
- 有害なサイトを閲覧しない。攻撃型メール内のリンクをクリックしたり、添付ファイルをダウンロードしない

可用性（Availability）

　正当な利用者が情報資産を必要なときに利用できる状態を維持すること。情報を提供しているシステムが安定稼働している状態。データバックアップ、ネットワーク冗長化（二重化）、などが実施されます。例えば次のような場合です。

- ルールを無視して共有フォルダの構成を変えない
- 共有フォルダやファイルを無断で削除しない
- ネットワーク機器の電源を落とさない
- 正当な手続きや権限がない状況で、ネットワーク機器を増設しない

学校の情報資産の分類

　学校で扱われる情報資産には、児童生徒の住所氏名などの個人情報のほかに、学習評価などの成績に関する情報、試験問題など、極めて機密性の高い情報から、学校紹介資料や学校便りなどの、公開しても良い情報まで、多種多様な情報が含まれています。これらすべてを一律に保護するだけでは、利便性が損なわれる一方です。情報セキュリティの三大要件である「機密性」「完全性」「可用性」に照らしながら情報資産を分類し、適切な保護や利用ができるようにシステムを導入・設定したり、利用者の教育を行ったりすることが求められます。利用者は、情報資産の分類を理解し、不用意に持ち出したりすることがないように日頃から意識をし、適切に利用することが大切です。

　教育情報セキュリティを維持したり、運用を支援するためには、基本的な用語などの理解も大切です。次に記載している用語のほかにも、「教育情報セキュリティガイドライン」などの関連資料を参照して、正しい知識を身につけておきましょう。

Web フィルタリング

　児童生徒が学習者用コンピュータを利用してインターネットに接続する際に、不適切な Web サイトの閲覧を制限（ブロック）するための仕組みです。

- ホワイトリスト方式

　閲覧を許可する Web サイトをあらかじめ登録しておき、それ以外の Web サイトの閲覧を制限（ブロック）する方式

- ブラックリスト方式

　閲覧を制限（ブロック）する Web サイトをあらかじめ登録しておき、登録された Web サイトを閲覧させない方式

- カテゴリフィルタリング方式

　Web フィルタリング機能を提供する事業者によってカテゴリーごとに Web サイトを分類したデータベースが用意されており、これに基づいて管理者側で利用者の閲覧許可 / 不許可の設定を行う方式。「アダルト」「ギャンブル」といったカテゴリーや、R13、R18 などの年齢別のカテゴリーを利用する方法などがある

セーフサーチ

　検索エンジンを利用する場合に、検索結果から有害なコンテンツへのアクセスを制限する仕組み。

ウイルス対策ソフト

　コンピュータウイルスの侵入や感染を防ぐためのソフトウェア。近年では、OS に標準で搭載されているものや、Chrome OS のようにウイルス対策を組み込んだものあります。

ランサムウェア

感染すると、コンピュータのデータを強制的に暗号化して身代金を要求し、支払わなければデータを削除するマルウェアの一種。メールの添付ファイルや、不正な Web サイトの閲覧で感染するため、偽装メール（標的型メール）の添付ファイルを開いたり、本文の URL をクリックしないなどの注意が必要です。

ログ

コンピュータのログイン、操作履歴、利用状況や、ネットワーク機器の通信履歴などを記録したもの。情報セキュリティインシデントが発生した場合には、各種のログを分析し、発生の要因などを特定します。

ファイアウォール

組織内部のネットワークと、インターネットなど外部のネットワークの接点に設置し、外部からの攻撃を防御したり、通信を監視、制御したりする装置です。

IPアドレス

Internet Protocol アドレスの略。ネットワークで通信する機器を識別するために割り当てる番号。IPv4 と IPv6 では、アドレス体系が異なります。割り当て方法は、IP アドレスを機器ごとに固定して割り当てる「固定 IP アドレス」方式と、指定された範囲で任意の IP アドレスを自動で割り当てる「DHCP」方式があります。

MACアドレス

ネットワークに接続する機器に割り当てられている識別番号で、個体を識別し管理するために重複しない形で提供される特徴があります。そのため、無線 AP に接続を許可するコンピュータの MAC アドレスを登録して、外部のコンピュー

タの接続を制限する「MAC アドレスフィルタリング機能」を利用することができます。ただし、MAC アドレスは変更ができるため、セキュリティ対策としては、ほかの方法を組み合わせることが必要です。

多段認証

　システムへログインする場合に、パスワード＋秘密の質問、のように 2 つ以上の段階を経て認証する仕組み。2 つの段階であれば「二段階認証」とも呼ばれます。記憶＋記憶など同じソースを利用する場合を指します。

多要素認証

　システムへログインする場合に、パスワード＋生体認証、のように 2 つ以上の異なるソースを用いて認証する仕組み。記憶＋生体など、2 つの異なるソースを利用する場合は「二要素認証」とも呼ばれます。

情報モラル教育

　GIGA スクール構想で整備された学習者用コンピュータは、新型コロナウイルス感染症や、天災などによる休校時の対応などを想定し、持ち帰りが推奨されています。その場合の主な活用方法は、オンライン授業に参加したり、デジタル教科書や教材コンテンツを利用した学習を行うことが考えられますが、動画サイトやオンラインゲームへの没頭で生活が乱れないかなど、保護者や教員の不安も存在しています。そのため、コンピュータの持ち帰りに慎重な自治体や、プログラミング教材のゲーム的な利用を心配し、使用を制限しようと考える学校もあるようです。

　GIGA スクール構想の目的の 1 つには、Society 5.0 と言われるデジタル社会を生きるスキルを児童生徒に身に付けさせることも含まれています。「教育情報セキュリティポリシーガイドラインハンドブック」でも、「学校の外で無数の情報にさらされたときであっても、正しく情報の価値や真偽を見極め、自分の力で判断できる児童生徒を育てるためにも、まずは学校内で、先生と一緒に、インターネットやクラウドにつながる端末を毎日利用するのは絶好の機会です。まず禁止、制限ではなく、児童生徒のうちから、適切なセキュリティの確保された環境下で活用の実践を積み重ねることこそが、これからの時代で生きていくためには不可欠なのではないでしょうか」と記されています。制限や規制に頼りすぎず、より良い情報社会の一員としての資質・能力を育むことが求められています。

　学習指導要領における情報モラルは、学習の基盤となる資質・能力として、「言語能力」「問題発見・解決能力等」と並び、「情報活用能力（情報モラルを含む。）」と明記されています。また、「情報社会で適正な活動を行うための基になる考え方と態度とされています。小学校では、特別の教科「道徳」の中で、中学校では、「社会科」「技術家庭科の技術分野」特別の教科「道徳」の中でも扱われています。そのため、教科書にも情報モラルに関係する内容が盛り込まれていることも理解しておきましょう。

　ICT 支援員としては、先に挙げた各教科の学習活動における情報モラルの学習を支援することもあれば、他の教科や特別活動などで児童生徒が学習者用コンピュータを活用する場面において、アカウントの貸し借りをしたり、他者のファイルを書き換えるなど、情報モラル的な観点から問題がありそうな行動を抑止するような声かけなども心がけると良いでしょう。そうした場合には先生と認識を合わせておくことも大切です。

　「教育の情報化に関する手引き」[※2] では、情報モラル指導モデルカリキュラム表が例示されています。「情報社会の倫理」「法の理解と遵守」「安全への知恵」「情報」「公共的なネットワーク社会の構築」という 5 つの領域と、学年や学校種に応じた目標レベルが記載されており、情報モラルに関する指導を計画する際に役に立つ内容となっています。こうした情報を先生に提供することも、ICT 支援員の役割の 1 つといえるでしょう。

　「法の理解と遵守」に関係する法令について知っておくことも大切です。法を知らずに興味本位でやってしまった行為が犯罪にあたる可能性がある場合も考えられますし、中高生がサイバー犯罪で加害者として検挙される場合も発生しています。ICT 支援員だけではなく、教員や保護者など児童生徒の周囲の大人が正しく理解しておくことが重要です。

　「サイバー犯罪に関する主な法令」は次のとおりです。

● 　不正アクセス行為の禁止等に関する法律違反

- ID/ パスワードの不正取得、不正保管
- フィッシングサイトの開設　など

● 　コンピュータ・電磁的記録対象犯罪

- ホームページのデータを無断で書き換える　など

※ 2　「教育の情報化に関する手引き（追補版）」令和 2 年 6 月 文部科学省　https://www.mext.go.jp/a_menu/shotou/zyouhou/detail/mext_00117.html

● 不正指令電磁的記録に関する犯罪

- 他人のパソコンのデータを破壊するためウイルスを作って保存する
- ネット上で事情を知らない人にウイルスをばらまく　など

● ネットワーク利用犯罪

- ホームページ上で他人を誹謗中傷する（名誉毀損）
- 電子掲示板などで犯行予告を行う（脅迫）
- インターネットオークションでの詐欺
- わいせつ図画や児童ポルノ等を不特定の人に閲覧させる　など

● 著作権法違反

- 他者の著作物を無断でインターネットに投稿した
- 漫画、動画、音楽、などの海賊版を販売した　など

　これらの法令は「非親告罪」です。被害者から告訴がなくても、警察が違法性を認めた段階で捜査対象となりますし、結果によっては検挙される場合があるため、知らなかったでは済まされません。安心安全な ICT の活用を進めるためにも、教員、児童生徒、保護者などすべての関係者で共通認識しておきましょう。

学校と著作権法

著作物と著作権

　情報のデジタル化が進み、ネットワークで共有することによって、文章や画像や映像などさまざまな「著作物」である情報を誰でも簡単に発信し、扱うことができるようになりました。学校でもコンピュータやネットワークを利用することで教科書以外の著作物を多く扱うようになってきています。

　ここでの著作物の定義は「思想又は感情を創作的に表現したものであって、文芸、学術、美術又は音楽の範囲に属するものをいう。」（著作権法第 2 条 1）で、法令、判決、事実を述べただけの記事など、作者の創作を含まないものは除かれます。それ以外のほとんどの表現物が著作物となり、児童生徒が授業で作った作品も著作物です。

　著作権は、作者の心を守る著作者人格権と経済的利益を守る財産権に大別されます。著作権は創作の時点で自動的に発生しますが、他人の著作物は絶対に使えないということではなく、著作者の許諾（許可）を得れば使うことができます。

複製

　従来の典型的な財産権の 1 つが複製権です。複製とは、手書き、キーボード入力、印刷、複写、録画などの方法により、既存の著作物の一部または全部を有形的に再製することをいいます。

　学校では、黒板への文学作品の板書、ノートへの書き込み、絵画の模写、コピー機を用いて著作物をコピー、著作物をスキャンした画像ファイルを記録メディアへ保存、などは複製に相当します。

公衆送信

　ネットワークの普及に伴って登場した財産権の 1 つが公衆送信権です。公衆

送信とは、放送、有線放送、インターネット送信、その他の方法により、不特定の者または特定多数の者に送信することをいいます。

　サーバーに他者の著作物を含む教材をアップロードし、児童生徒が学校や自宅などからアクセスする場合や、公開している学校のウェブページに掲載することは公衆送信とみなされます。

教育における著作物の扱い

　著作物の利用は著作者の許諾を得るのが大原則ですが、以前から学校では教科書以外の文章や図・写真などを複製、配布し授業を行ってきました。これが可能なのは著作権法第 35 条で、授業の中で教員が受講者に資料を配布する場合、必要な限度内で著作者の許諾なしで複製または公衆送信することが認められているからです。

　しかし、著作権法 35 条には「ただし、当該著作物の種類及び用途並びに当該複製の部数及び当該複製、公衆送信又は伝達の態様に照らし著作権者の利益を不当に害することとなる場合は、この限りでない。」とあり、何でも許諾なしで認められるわけではありません。

　例えば、

- 児童生徒 1 人ずつが学習のために購入するドリル、テストなどの複製
- 必要な個所を超えた著作物全部の複製
- 配布に必要な数を超えた複製

などは許諾が必要になります。

授業目的公衆送信補償金制度

　2021 年 4 月より本格的にスタートした新しい制度です。非営利目的の教育機関においては、学校の設置者（教育委員会）などが補償金を支払う代わりに、教材や資料をオンライン授業で利用する場合、無許諾で行えることになりました。

　無許諾で行える公衆送信には条件があり、無許諾でも無償ではない場合があり

ます。

> - 無償の場合
>   遠隔地との合同授業で、他の教室と同時双方向授業する場合は無許諾、無償です
> - 有償の場合
>   予習復習のため、サーバーに入れた著作物を児童生徒がダウンロードする場合
>   一方的な遠隔授業（サテライト教室）で著作物を送信する場合など

　有償の場合は利用者が個別に支払う必要はなく、学校の設置者（教委など）が「一般社団法人授業目的公衆送信補償金等管理協会」（SARTRAS）に一括して補償金を支払うことになっています。

　特に公衆送信は判断が難しい場合があります。ICT 支援の際に、教員などから相談された場合は、自分で判断せずに、教育委員会の担当者や各種権利者団体などの専門機関に相談してもらうように伝えましょう。

　各種相談窓口は次のような各種団体があります。

一般社団法人日本音楽著作権協会　JASRAC
https://www.jasrac.or.jp/index.html

一般社団法人授業目的公衆送信補償金等管理協会（SARTRAS）
https://sartras.or.jp/

公益社団法人著作権情報センター（CRIC）
https://www.cric.or.jp/

初等中等教育における情報教育

情報活用能力の育成

情報活用能力の育成には、

- 学習方法の変化と ICT 利活用を伴う学びの情報化
- 今後のデータ活用による AI 技術の進歩や、IoT を活用した社会の変化に対応する情報技術の段階的な理解と活用

の側面があり、小・中・高等学校で順次学びを深めていくことになっています。

小学校

小学校では情報を主に扱う教科は設定せず、各教科の単元のなかで「情報的見かた考えかた」を働かせてものごとを捉えていき、プログラミング的思考の育成について、「プログラミングを体験しながらコンピュータに意図した処理を行わせるために必要な論理的思考力を身に付けるための学習活動を計画的に実施する」(文部科学省学習指導要領総則)と書かれています。各教科単元のなかで、機械(コンピュータ)に処理を行わせるための論理的な考え方や手順の整理などをしたり、実際にプログラミングを体験し、自動的に処理を行わせながらプログラミング的思考を育成していきます。

教科書には、小学校 5 年生算数の図形で多角形を描く内容や、小学校 6 年生理科の電気の利用で電気回路の単元でスイッチの代わりにコンピュータのプログラムを活用した動きを学ぶ内容が盛り込まれています。

中学校

中学校では、技術家庭科の技術分野で「情報の技術」単元で情報技術の基礎を学びます。「ネットワークを利用した双方向性のあるコンテンツに関するプログ

ラミングによる問題の解決」や「計測・制御に関するプログラミングを用いた問題解決」ではセンサーから気温や光や音の状態など「環境の状態」の入力により、モーターの動きや画面表示を変えるなどの情報技術とともにプログラミングを学びます。

高等学校情報科

高等学校情報科は、前学習指導要領では「社会と情報」か「情報の科学」を選択必履修となっていましたが、令和4年から始まる学習指導要領では、全員「情報Ⅰ」が必履修になり「情報Ⅱ」が選択履修になりました。情報Ⅰでは（1）情報社会の問題解決」（2）コミュニケーションと情報デザイン（3）コンピュータとプログラミング（4）情報通信ネットワークとデータ活用の4単元を学び、より情報の科学的な理解を深めデータサイエンスに向けたデータ活用なども学びます。

大学入試

令和3年3月に大学入試センターから発表された資料「平成30年告示高等学校学習指導要領に対応した令和7年度大学入学共通テストからの出題教科・科目について」で、令和3年高等学校入学生から必履修科目になる「情報Ⅰ」の内容を、大学入試共通テストに出題する見通しであることが発表されました。

以上のように、小学校から高等学校まで連続的に問題解決を行うよう、コンピュータプログラムの活用の考え方やプログラミング技術の基礎を学びます。小・中・高等学校のICT支援では、教育の情報化の支援と共にプログラミングを含めた「情報の科学的理解」に関する授業の支援が求められます。

ICT 支援員をやっていてよかった

　ICT 支援員をやっていて一番思い出に残っているのは、ある小学校で 2 年生担任の先生に PC ルームでの活動を相談されたときのことです。もうずっと前の話です。

お絵描きでマウス操作

　「2 年生から PC を使えるようにしたい。2 年生だけど文字入力をできるようにしたい」という相談でした。まずは、マウスの操作が上手になるようにお絵かきをしました。PC で絵や模様を描くのは大人にも人気がある活動です。当時は、作品を印刷したくてプリンタに長蛇の列ができました。なるべく作る時間を長くとりたいので、印刷を実行したあとはこちらで引き受けて、まとめて教室に届けたりもしました。とにかく一日中学校内を動きまわっていました。

タイピングしりとりで文字入力

　文字入力の最初は、ひらがなのスタンプを使い、マウスに慣れてきたらソフトキーボードを使ってひらがなで入力しました。自分でも、休み時間などにソフトを触りながら、子どもたちが自由に作品作りを楽しめる方法を模索しました。

　GIGA スクール構想の現在も、タイピング練習でお勧めしているのが、タイピングしりとりです。当時から人気がありました。ワープロソフトに 1 つの単語を打ち込んで、エンターキーを押して改行します。そして、しりとりになるように次の単語を考えます。

　1 単語ずつ改行するので、たくさん書けたかどうかすぐにわかります。「2 ページいった！　みてみて！」という子どもには、「どれどれ〜」と席まで見に行ってあげたり、どうしても言葉が出ない子どもには、見回りながらそっとヒントを出したりしました。

子どもに声を掛ける・先生の授業を聞く

　ICT 支援員は、子どもへの声掛けも喜ばれます。子どもがもじもじしていて先

生が気づかないときに「それは先生に聞いてみようか」と促したり、やることがわからなくなったときに、黒板に書いてあることを一緒に読んでみたり、読めない漢字を教えたりもしました。子どもたちとの時間では、子どもの考え方に驚かされ、その成長を目の前で見られることを、とてもうれしく感じました。また、先生の授業を聞くなかで新しいことを知り、自分ももう一度学校で勉強したいなと思えたりすることもあり、これも ICT 支援員をしていて良かったことの 1 つです。

子どもたちからのプレゼント

　その 2 年生の先生は、私の数少ない訪問日には毎回予約を入れてくれましたが、「私が来ないと使っていないのかもしれない」と少し心配もしていました。

　しかし、その心配は年度末に覆されました。いつものように PC ルームにいると、朝、そのクラスの子どもたちだけでなく、同じ学年の子どもたちがみんな入ってきました。

　「五十嵐さん、今年度は今日でお仕事終わりですよね。」と先生から言われ、「はい、1 年間お世話になりました。」というと、子どもたちの中から代表の子が、「いがらしせんせい、ぷれぜんとです」「1 年間ありがとうございました！」と、分厚い冊子を手渡してくれました。私の知らない時間に作ってくれた作品とパソコンで描いた絵の添えられた、お礼のお手紙の束でした。

　いつも支援依頼をしてくれていた先生が、私のいない時間に、他の先生にも活動を勧めてくれていたのです。「私たちも、自分で子どもたちと PC ルームで授業ができるようになったんですよ」と自慢気な先生の顔を忘れません。このときは、嬉しくて涙が止まりませんでした。今も強く思い出に残っていて、先生ってすごいな、学期に数回しか訪問できなかったのに、毎回相談をしてくれて、その少ない私との時間をこんなに広げたり、深めたりしてくれるのだと感動しました。常駐でないと意味がないということはなく、私たちの小さな支援は生きるのだと感じました。

　ささやかな思い出ですが、この仕事をもっと広げたいと思うきっかけにもなりました。

おわりに

　ICT 支援員の役割そのものは、従来と比べて大きく変わっていませんが、GIGA スクール構想によって「利用者の増加（すべての児童生徒と教職員）」「情報端末の台数の増加（1 人 1 台環境）」「情報システムの拡大（クラウド環境の構築）」「情報端末の利用場所の拡大（持ち帰りなどの学校外利用の推奨）」など、ICT 支援の対象が大量かつ大規模なものに変わりました。そのため、ICT 支援員への期待が高まり活動の場が広がった反面、十分なスキルをもった ICT 支援員の育成、雇用、配置という課題に直面しました。本書の執筆は、「このままでは ICT 支援員の質の低下に拍車がかかり、存在自体が崩壊するかもしれない」という強い危機感の共有からスタートしました。課題に押しつぶされないように、望ましい ICT 支援員像を思い浮かべながら、各領域のエキスパートが集い、執筆を進めました。

　教育の情報化に関する施策の変遷から、情報に関する基本事項、教育情報セキュリティに関する内容、GIGA スクール構想における最新の技術やキーワード、改訂された学習指導要領における情報教育と教科の関連性、学校での対応において必要となる知識や資質・能力、などを網羅的に取り扱う一冊になったと思います。同時に、ICT 支援員が「教育の情報化を支える専門人材」の一員であることを示すことができたように思います。

　本書を手にした ICT 支援員や、これから ICT 支援員をめざそうとする方には、本書の内容を参考に、ぜひ高い専門性を追い求めていただきたいと思います。

　教育委員会関係者の方々には、教育の情報化を学校で支援する専門人材の姿を共有し、相応の予算を確保して持続可能で魅力的な業務となるべく再構築していただきたいと思います。

　ICT 支援員業務を請け負う事業者の方々には、本書の内容を理解したマネジメント人材の育成や、専門性を高めるための研鑽の機会を確保すると同時に、ICT 支援人の待遇改善をお願いしたいと思います。

　学校で ICT 支援員を受け入れる教員の方々には、ICT 支援員が本書に書かれた内容を理解し、または理解しようと努め、児童生徒の情報活用能力の育成や、校務の情報化による働き方改革を後押ししてくれる協力者であり、パートナーた

り得ることを、ぜひとも理解していただきたいと思います。

> 　難しい問題も笑顔で簡単そうに解決することができる。ICT のことだけで
> はなく、教員や児童生徒の心情を慮りながら、さりげない支援ができる。教
> 育活動の流れや要点を踏まえた上で、問題が拡大する前に、素早く解決する
> ことができる。

　そういう ICT 支援員が 1 人でも増えることを願っています。

　最後に、本書の発行に際し、多忙を極める中で執筆に励んでくださった著者の
皆様、遅れがちな原稿を辛抱強く待ってくださった日本標準の皆様、監修してく
ださった永野和男先生、ご関係のすべての皆様に感謝申し上げます。

教育情報化コーディネータ 1 級　田中康平

ICT支援員能力認定試験について

　現在 ICT 支援員になるために特別な資格等は必要ありませんが、一定の資質能力を担保するものとして、「ICT 支援員能力認定試験」があります。これは「特定非営利活動法人情報ネットワーク教育活用研究協議会（JNK4）」が主催して、毎年 6 月と 10 月の 2 回実施されています。

　以下、公式サイト（https://jnk4.info/itce/）にもとづいて概要を述べます。

　試験は A、B の 2 領域から出題されます。

■ A 領域

　主に ICT についての知識を問うもので、コンピューター画面上で出題・解答する CBT 方式で実施されます。

　実際の教育現場から要求されているさまざまな問題をクリアできるように、

　a) 教育現場や情報技術などでの基本的用語
　b) 教育現場で利用されるアプリケーションソフトやファイルの操作
　c) 現場で生じる問題に対する状況判断や対応
　d) 教育現場で利用されるハードウェアやソフトの設定
　e) 学校特有の問題に関する理解（職務、子どもの扱いなど）
　f) 情報モラルの指導・セキュリティに関する知識

などの領域から出題されることになっています。ソフト活用やネットワークなどに関する技術・知識、教育活動・教育組織などへの理解が求められるという観点から、同じ JNK4 が主催する「教育情報化コーディネータ（ITCE）3 級」の問題も参考になると思います。

■ B 領域

　ICT 支援員として学校現場で日常的に遭遇する内容への問題解決、あるいは、技術的な内容について、わかりやすく説明するといった課題が出されます。

　A 領域試験終了の 1 週間後に課題が送られ、期限内に解答を動画で自撮りしたものを提出するという試験方法です。

　評価は、「問題場面を的確に把握できているか」と「先生方にその状況や対応を的確に説明できるか」に重点が置かれます。

ICT支援員養成講座

　ICT 支援員能力認定試験の出題範囲は広いため、独学ではなかなか大変な面もあります。そのような場合は、JNK4 が実施する「ICT 支援員養成講座」を受講する方法もあります。

　公式サイト（https://jnk4.info/e-LearningCourse/）によると現在 2 つのオンライン講座が開講されています。

■ A　情報技術基礎コース
　社会人として ICT や情報システムを仕事に活用していくための必要最小限の知識や用語の意味を学びます。
■ B　ICT 支援員自己研修コース
　ICT 支援員の資格取得を目指す方、現場で活躍している ICT 支援員の方向けです。ただし、ICT 支援員認定試験の受験対策のためのコースではなく、学習内容は A 領域の範囲ですが、内容が直接試験に出題されることを保証するものではないとのことですので、不得意な領域をなくすための活用が考えられます。

　いずれも詳細については公式サイトでご確認ください。

INDEX

監修者・編著者プロフィール

永野 和男
NPO法人情報ネットワーク教育活用研究協議会会長。遠隔共同学習、学習支援システム、情報教育カリキュラムなど、多方面で開発・研究活動を行っている。1990年代より文部科学省の情報教育関連の多くの協力者会議の委員を歴任。日本の情報教育カリキュラムのグランドデザインを担当し、教育情報化コーディネータやICT支援員の必要性を提言した。現在はその育成のための活動を展開している。

田中 康平
教育ICTのコンサルティング、子ども向けICTスクールを運営する「株式会社NEL&M」代表取締役。教育情報化コーディネータ1級として、ICTを取り入れた学習環境・学習活動のデザインを提案し、教育機関や関連企業の課題解決を得意とする。経済産業省「未来の教室」教育コーチとして先進事例の創出にも携わっている。

五十嵐 晶子
ICT支援員のスタートアップ、スキルアップやマネジメントなどICT支援の専門企業「合同会社かんがえる」代表。長年のICT支援経験から、現在のICT支援員の心得やICTスキル、コミュニケーションスキルの向上に力を入れてきた。また、ICT支援員事業を委託される複数の企業や委員会のスーパーバイザーとして、企業研修などに携わる。全国のICT支援員とつながりを作りながら、教員や支援員が共に学ぶ場所を提供している。

中川 斉史
徳島県公立小学校校長。文部科学省委託「ICT支援員の育成・確保のための調査研究」企画開発委員など歴任し、教育実践とICT支援員に対する知見が豊富。
教育情報化コーディネータ1級・文部科学省「ICT活用教育アドバイザー」。

霍本 仁史
熊本市の「NPO法人ICTサポートスクエア」理事長。熊本市内の授業の支援、校務支援、研修支援、日常的なメンテナンスを一手に引き受け、幅広い支援事業を展開している。

竹中 章勝
文部科学省「ICT活用教育アドバイザー」。中学校・高等学校の情報科教員・ICT教育コーディネータとして校内の情報インフラ構築と教育の情報化を進める。現在大学非常勤講師で教育を行いつつ、教育委員会や学校でプログラミング教育、教育の情報科の研修、GIGAスクール構想における導入支援、授業設計支援を行っている。

（編集協力）

カバーデザイン ● トップスタジオデザイン室（宮﨑 夏子）
本文デザイン ● トップスタジオデザイン室（宮﨑 夏子）
4コマ漫画 ● 吉田 一裕
DTP ● 株式会社トップスタジオ

学校のICT活用・GIGAスクール構想を支える
ICT支援員

2021年10月 1日　第1刷発行
2023年 2月10日　第3刷発行

監　修　[JNK4]情報ネットワーク教育活用研究協議会（代表 永野 和男）
編　著　ICT支援員 編集委員会
発行者　河野 晋三
発行所　株式会社 日本標準
　　　　〒350-1221　埼玉県日高市下大谷沢91-5
　　　　電話　04-2935-4671
　　　　FAX　050-3737-8750
　　　　URL　https://www.nipponhyojun.co.jp/

印刷・製本　株式会社リーブルテック

ISBN 978-4-8208-0714-8 ／ Printed in Japan